T0146793

OTRA

VOZ

OTRA

VOZ

En Westminster
VOLUMEN 4

Eleazar Barajas

Número de Control de la Biblioteca del Congreso de EE. UU.:   2020900791
ISBN: Tapa Blanda   978-1-5065-3131-1
                 Libro Electrónico   978-1-5065-3130-4

Información de la imprenta disponible en la última página.

Fecha de revisión: 17/01/2020

Para realizar pedidos de este libro, contacte con:
Palibrio
1663 Liberty Drive, Suite 200
Bloomington, IN 47403
Gratis desde EE. UU. al 877.407.5847
Gratis desde México al 01.800.288.2243
Gratis desde España al 900.866.949
Desde otro país al +1.812.671.9757
Fax: 01.812.355.1576
ventas@palibrio.com
808273

ÍNDICE

INTRODUCCIÓN AL LIBRO

Como ya lo has notado, este es el Cuarto Libro de predicaciones. Hacer una cristología del Redentor de la humanidad en un espacio tan corto como este y, con un tiempo reducido a unos veinte o máximo treinta minutos por cada mensaje, es, sinceramente, una aventura con la dirección del Espíritu Santo. Y la verdad es que no me propuse hacer una cristología en este libro ni con este tema, son mensajes que escribí para predicarlos en la iglesia.

Leyendo parte del *Comentario Bíblico Mundo Hispano: Tomo 8*,[1] que corresponde al comentario sobre los Salmos, en la exegesis que hace sobre el Salmo 51, noté que estaba un cuadro con el título: *Los siete juntamente*. Los subtítulos de este tema me llamaron la atención, medité un poco sobre ellos, me pareció razonable hacer que estos subtítulos fueran extendidos, explicados y puestos en un contexto contemporáneo y, con la dirección del Espíritu Santo, cada ocho días fue naciendo, partiendo del subtitulo, un mensaje para mí mismo y una exposición desde el púlpito para la iglesia.

Fue así que, poco a poco, este Cuarto Libro de mensajes se formó en mi escritorio. Una vez más digo que el tema y los subtítulos así como el texto básico del mensaje no es una inspiración personal, los copie del Comentario ya mencionado

---

[1]   Daniel Carro, José Tomás Poe y Rubén O. Zorzoli. *Comentario Mundo Hispano: Tomo 8: Salmos.* (El Paso, Texas. Editorial Mundo Hispano. Ediciones 1997-2002), 196.

mientras meditaba en el Salmo 51 para un estudio en el tiempo de oración en la iglesia. No soy dado a escribir mensajes consecutivos, siempre he dejado que el Espíritu Santo me guíe cada vez que tengo que predicar o enseñar una porción bíblica. Lo que mis ojos vieron el día que meditaba sobre el Salmo 51, creo que fue la dirección del Espíritu Santo y, ahora, solo habría que esperar la iluminación del Poder Divino para desarrollar "*Los Siete Juntamente*" para exponerlos desde el púlpito de la iglesia. Tomé suficiente tiempo en oración, en estudio y en la redacción para cada uno de los mensajes. No fue nada sencillo pero si muy edificante para mí, espero que también te edifiquen a ti como lector o predicador.

En el cuadro que presenta el Comentario, dice: "Un viejo tratado titulado: 'Los siete juntamente', dice que somos:"[2] y de allí hace mención de los "*Siete juntamente*". Si bien, dice que es "*un viejo tratado*", traté de quitarle lo "*viejo*" sin quitarle ni cambiarle el mensaje, ya sea este teológico, bíblico, social, moral o de cualquier otro aspecto hermenéutico, pero si traté de contextualizarlo. El mensaje es el mismo, pues la Palabra del Señor; es decir, la Biblia, aunque existe en numerosas versiones, su mensaje es el mismo desde los inicios del Génesis hasta el Apocalipsis. La Biblia dice que Jesucristo es el mismo desde la eternidad hasta nuestros días y por la eternidad futura. La Biblia es Su palabra, es Su mensaje, entonces, aunque he puesto en el contexto contemporáneo las enseñanzas de la Biblia en "*Los Siete Juntamente con Cristo*", el mensaje sigue siendo el mismo.

---

[2] Daniel Carro, José Tomás Poe y Rubén O. Zorzoli. *Comentario Mundo Hispano: Tomo 8: Salmos*. (El Paso, Texas. Editorial Mundo Hispano. Ediciones 1997-2002), 196.

Son, pues, siete mensajes en este corto libro sobre el mismo tema: "**Juntamente con Cristo**".

Eleazar Barajas

Westminster, California.

CRUCIFICADOS

Juntamente con Cristo

Con Cristo estoy juntamente crucificado, y ya no
vivo yo, mas vive Cristo en mí; y lo que ahora vivo
en la carne, lo vivo en la fe del Hijo de Dios, el
cual me amó y se entregó a sí mismo por mí.
Gálatas 2:20, (RV1960.

Introducción.

He comentado en otros mensajes que de niño y parte
de mi juventud estuve internado en la Casa Hogar *"El Buen*
Pastor", institución que se encuentra en la ciudad de Morelia,
Michoacán, México. Cada mañana, en el *"Hogar"* como
nosotros le decimos, guiados por la señorita Elena Santiago,
memorizábamos un texto bíblico o repetíamos uno de los que
ya habíamos memorizado.

Recuerdo que uno de los niños, que era uno de los más
grandes de ese tiempo, cada vez que nos pedían recitar un
texto, él recitaba Gálatas 2:20: "Con Cristo estoy juntamente
crucificado, y ya no vivo yo, mas vive Cristo en mí; y lo que
ahora vivo en la carne, lo vivo en la fe del Hijo de Dios, el
cual me amó y se entregó a sí mismo por mí." Creo que nunca
entendió el mensaje de este texto, pues su conducta como
adulto nunca fue diferente que las conductas de los que no
conocen a Jesucristo como su Salvador personal.

Me pregunto si nosotros entendemos el mensaje de este texto. ¿Qué enseña Gálatas 2:20? Entremos al texto para descubrir qué es lo que encierran sus palabras. ¿Qué es su mensaje o enseñanza? ¿Qué quería el apóstol Pablo que los Gálatas y nosotros entendiéramos con estas palabras?

I.- Pablo dice que tú y yo, como cristianos, estamos muertos en Cristo.

¡Qué cosa! Pastor, ¿me está diciendo que yo estoy muerto, que yo estoy muerta? ¡No! Yo no te lo digo, te lo está diciendo el apóstol Pablo y él se pone como ejemplo, pues dice: "Con Cristo estoy juntamente crucificado, y ya no vivo yo, mas vive Cristo en mí;..."[3] Esto es que, si tú ya eres un cristiano; si eres una cristiana, por la fe, ¡ya fuiste crucificado (a) con Cristo en la cruz del Calvario!

En la ciencia de la interpretación de la Biblia conocida como la Hermenéutica, se encuentra una parte de ella que se conoce como *la paradoja*. ¿Y qué es *la paradoja*? "Como *paradoja* se designa un hecho o una frase que parece oponerse a los principios de la lógica. La palabra, como tal, proviene del latín *paradoxa*, plural de *paradoxon*, que significa 'lo contrario a la opinión común'."[4] Muertos o morir para vivir.

Bueno, pastor, ¿y cómo es eso? Si comenzamos a leer desde el versículo quince de este capítulo dos de Gálatas, nos damos cuenta que el apóstol Pablo "comienza a tratar la importante cuestión teológica de cómo llega uno a ser salvo.

---

3   Gálatas 2:20a, (RV1960).

4   Significados. *Definición de paradoja*. (La Habra, California. Internet. Consultado el 10 de octubre de 2019)., 1 https://www.significados.com/paradoja/

Deja claro que la salvación proviene solo de la gracias de Dios, por medio de la fe en Cristo Jesús".[5] Ahora bien, en el caso de nosotros, esta gracia de Dios que ha estado desde la eternidad, comienza su efectividad en nuestra vida con la muerte espiritual; es decir, cuando entregamos nuestras vidas a Jesucristo, en ese momento, la gracia de Dios es efectiva en nosotros. Pablo dice que "por gracia somos salvos".[6] En el caso de Jesucristo, la gracia de Dios que es eterna, en el Nuevo Testamento, se manifestó con la muerte física del Señor Jesús.

Una y otra vez la Biblia nos dice que debemos hacer morir las obras de la carne para que podamos vivir. ¡Esto es la *paradoja* bíblica! Morir para vivir. El apóstol Pablo "había probado el camino de la ley. Había intentado.... ponerse en relación con Dios mediante una vida que buscaba obedecer cada pequeño detalle de esa ley".[7] ¿Pero cuál fue el resultado de toda esa obediencia de Pablo a la ley de Moisés? "Había encontrado que tal intento no producía más que un sentimiento cada vez más profundo de que todo lo que pudiera hacer nunca lo pondría en la debida relación con Dios".[8] Entonces, aquí está *la paradoja* de la que habla el apóstol Pablo: Morir para vivir. Pablo sabía que tenía que morir a todas las obras de la ley y de la naturaleza humana para poder vivir. Y, lo dice también con estas palabras:

---

[5]   Comentario en la Biblia de Estudio Esquematizada. Reina Valera 1960. (Impresa en Brasil. Sociedades Bíblicas Unidas. 2010), 1754.

[6]   Efesios 2:8.

[7]   William Barclay. *Comentario al Nuevo Testamento: Volumen 10: Gálatas y Efesios.* (Terrassa (Barcelona), España. Editorial CLIE. 1998), 42.

[8]   William Barclay. *Comentario al Nuevo Testamento: Volumen 10: Gálatas y Efesios.* (Terrassa (Barcelona), España. Editorial CLIE. 1998), 42.

"Por tanto, hermanos, tenemos una obligación, pero no es la de vivir conforme a la naturaleza pecaminosa. Porque, si ustedes viven conforme a ella, morirán; pero, si por medio del Espíritu dan muerte a los malos hábitos del cuerpo, vivirán".[9]

Entonces, pues, cuando el apóstol Pablo dice que está crucificado juntamente con Cristo está muriendo a los deseos y apetitos de la naturaleza humana, pues: "El vivir conforme a la carne es lo mismo que satisfacer los deseos de la carne (Gálatas 5:16), o ceder ante la tentación por el deseo de la carne. (Santiago 1:14-15). –Es decir que- Vivir conforme a la carne es cometer pecado conscientemente, transgredir la ley y quebrantar las leyes divinas que se saben de antemano que son pecado".[10] Mientras que al morir a la carne es cumplir la ley de Dios en nuestras vidas.

Como cristianos, debemos de seguir el ejemplo de Pablo. ¿Por qué seguir su ejemplo? Porque: "En última instancia solo heredaremos la vida nueva y eterna que Dios nos ha prometido si dependemos activamente del Espíritu para dar muerte a los malos hábitos del cuerpo".[11] ¡Hay que morir para vivir! ¡Hay que crucificar la carne *juntamente con Cristo* para vivir correctamente con Dios! Esta es la regla que pone Dios para vivir la vida cristiana saludable. El teólogo y escritor John Murray dijo: "La muerte del creyente, de una vez y para siempre, a la ley del pecado no le libera de la necesidad de

---

[9] Romanos 8:12-13, (NVI).

[10] Cristianismoactivo. *¿Qué significa hacer morir las obras de la carne?* (La Habra, California. Internet. Artículo Publicado en EdificaciónPreguntas – respuestas. Consultado el 10 de octubre de 2019), 1-2

[11] Douglas J. Moo. *Comentarios con aplicación: Romanos: del texto bíblico a una aplicación contemporánea.* (Miami, Florida. Editorial Vida. 2011), 245

mortificar el pecado en sus miembros, sino que hace necesario y posible que lo haga".[12]

"Con Cristo estoy juntamente crucificado, y vivo yo ya no, sino que Cristo vive en mí", dijo el apóstol Pablo. Esto es como si Pablo nos preguntara: ¿Quieren agradar a Dios con sus vidas como cristianos? Entonces, ¡hay que crucificarse *juntamente con Cristo*! Si queremos vivir la vida cristiana normal, ¡debemos crucificar nuestra carne *juntamente con Cristo*! No hay otra manera de ser un verdadero cristiano.

II.- Pablo dice que ahora hay que vivir por fe en Cristo.

En segundo lugar, Pablo, ahora nos presenta otro dilema; otro asunto muy problemático de la vida cristiana. Pablo dice: "... y lo que ahora vivo en la carne, lo vivo en la fe del Hijo de Dios,..."[13] ¿Cómo es esto? Pastor, ¿Cómo es eso de que "ahora vivo en la carne" si antes dijo que debemos hacer morir la carne y que debemos crucificar la carne juntamente con Cristo? ¿Qué es este enredo de palabras?

No confundamos lo que es la naturaleza pecaminosa con el cuerpo que Dios nos concede tener. Por cierto, un cuerpo de mucho valor para Dios. Los griegos y los gnósticos del tiempo del apóstol Pablo decía que la materia es mal; el cuerpo es materia, así que la lógica decía que el cuerpo es malo. Algunos cristianos en la Iglesia de Corinto también

---

[12]   Douglas J. Moo. *Comentarios con aplicación: Romanos: del texto bíblico a una aplicación contemporánea.* (Miami, Florida. Editorial Vida. 2011), 252.

[13]   Gálatas 2:20b, (RV1960).

tenía su propia teología del cuerpo, pues: "Había en Corinto cristianos que decían que nada de lo que la persona hace con su cuerpo afecta al espíritu. Por lo tanto, el cristiano tendría la libertad de hacer lo que quisiera con su cuerpo, hasta tener relaciones con una prostituta, ya que esto nada tendría que ver con su espíritu".[14] Esto en teología se llama dualismo. Esto es hacer una separación entre el espíritu y el cuerpo, se enseñaba que el *Dios bueno* hizo el espíritu y el *dios malo* el cuerpo.

El apóstol Pablo tenía otra idea acerca del cuerpo. Notemos lo que les dijo a los hermanos de Corinto:

"Huyan de la inmoralidad sexual. Todos los demás pecados que una persona comete quedan fuera de su cuerpo; pero el que comete inmoralidades sexuales peca contra su propio cuerpo. ¿Acaso no saben que su cuerpo es templo del Espíritu Santo, quien está en ustedes y al que han recibido de parte de Dios? Ustedes no son sus propios dueños; fueron comprados por un precio. Por tanto, honren con su cuerpo a Dios" (I Corintios 6:18-20, NVI).

¿Lo notaron? El apóstol Pablo dice que, como cristianos, "somos el templo del Espíritu Santo" y que nuestro deber es glorificar a Dios con nuestros cuerpos físicos no con la naturaleza pecaminosa, esta no glorifica a Dios. La naturaleza pecaminosa es la que debemos de crucificar; es la que debemos hacer morir juntamente con Cristo, pero nuestros cuerpos guardan un tesoro divino que es todo santo, por eso se le conoce como el Espíritu Santo.

---

[14]   *Comentario en la Biblia de Estudio Esquematizada. Reina Valera 1960.* (Impresa en Brasil. Sociedades Bíblicas Unidas. 2010), 1711.

Ahora bien, regresando al texto de Pablo que dice: "...
y lo que ahora vivo en la carne, lo vivo en la fe del Hijo de
Dios,...", nos preguntamos: ¿cómo puedo vivir en la fe del
Hijo de Dios? Una manera de vivir en la fe de Jesucristo es
no olvidándonos de quien es El Señor Jesús. El apóstol Juan
en cierta ocasión dijo: "Nosotros hemos visto y declaramos
que el Padre envió a su Hijo para ser el Salvador del mundo.
Si alguien reconoce que Jesús es el Hijo de Dios, Dios
permanece en él, y él en Dios".[15] Vivir en la carne, en este
cuerpo por la fe en el Hijo de Dios, es reconocer que él es el
Salvador del mundo.

Una segunda manera de vivir por la fe en el Hijo de Dios
es "glorificar a Dios en nuestros cuerpos". ¿Cómo se hace
esta glorificación? En primera estancia, es vivir haciendo
lo correcto para Dios y para nuestros cuerpos. Para el
futuro: "Pablo declara que el cuerpo del cristiano va a ser
resucitado".[16] Esto ya es algo glorioso; es algo de fe en el Hijo
de Dios. "... Dios, que levantó al Señor, también a nosotros
nos levantará con su poder",[17] dijo el apóstol Pablo. Dios nos
rescató del pecado por medio de Obra Redentora de Cristo
Jesús, entonces, para Pablo, nuestros cuerpos son parte del
cuerpo de Cristo. Pablo pregunta: ¿"No se dan cuenta que sus
cuerpos son miembros del cuerpo de Cristo? ¿Acaso no se
dan cuenta que sus cuerpos son la morada del Espíritu Santo?
¿Acaso ignoran que sus cuerpos le pertenecen a Dios?"[18]
"Vivir por fe en el Hijo de Dios" es reconocer que, como

---

[15]   1 Juan 4:14-15, (NVI).

[16]   *Comentario en la Biblia de Estudio Esquematizada. Reina Valera 1960.* (Impresa
       en Brasil. Sociedades Bíblicas Unidas. 2010), 1711.

[17]   I Corintios 6:14, (RV 1960).

[18]   I Corintios 6:14-15, 19, (Parafraseado por Eleazar Barajas).

cristianos, le pertenecemos al que nos dio la vida; somos propiedad del Señor Todopoderoso. El Salmista nos recuerda esta verdad, cuando dijo: "Reconoced que Jehová es Dios; Él nos hizo, y no nosotros a nosotros mismos; pueblo suyo somos, y ovejas de su prado".[19]

¿Cómo vivir por la fe en el Hijo de Dios? ¡Glorificando a Dios con nuestros cuerpos! Esto es, usando y cuidando nuestros cuerpos para que el poder de Dios sea anunciado por la santidad del cuerpo. Es decir, ¡Vivir sanamente y con sabiduría! ¡Esto es vivir por la fe en el Hijo de Dios!

III.- Pablo dice que Cristo nos ama.

La tercera lección que las palabras de Pablo en Gálatas 2:20 nos enseña es que Dios, por medio de Cristo, nos ama. Esto no es nada nuevo para nosotros; sabemos que Dios nos ama; hablamos del amor de Dios con otros; sabemos que Dios ama al mundo, a la gente de este mundo Dios, les ha mostrado Su amor. El apóstol Juan, hablando del amor de Dios, dijo: ""Porque tanto amó Dios al mundo que dio a su Hijo único, para que todo el que crea en él no perezca, sino que tenga vida eterna".[20] Verdad irrefutable: ¡Cristo verdaderamente nos ama!

El apóstol Pablo no dudaba de esta verdad bíblica, por eso dijo: "... el cual me amó y se entregó a sí mismo por

---

[19]   Salmo 100:3, (RV 1960).

[20]   Juan 3:16, (Bíblia Católica Online. Leia mais em: https://www.bibliacatolica.com.br/la-biblia-de-jerusalen/juan/3/

mí".[21] Por la historia sabemos que el apóstol Pablo fue una persona que conocía muy bien el Antiguo Testamento, varias veces usa sus enseñanzas para hablar de la misión del Mesías Cristo Jesús, para apoyar las enseñanzas de Cristo y para hablar de sus virtudes, una de ellas: El amor. Seguramente que Pablo conocía este texto que se encuentra en el libro de Deuteronomio y que dice:

"Porque el Señor vuestro Dios es Dios de dioses y Señor de señores, Dios grande, poderoso y temible que no hace acepción de personas ni acepta soborno. El hace justicia al huérfano y a la viuda, y muestra su amor al extranjero dándole pan y vestido". (Deuteronomio 10:17-18).

¡Dios ama a toda la humanidad! El no hace ninguna diferencia de credo, raza, color y posición social; ama al rico como al obre; al sabio como al ignorante; al justo como al injusto' al santo como al pecador. Todos los seres humanos participamos del amor de Dios. Pablo dice que Dios nos ama.

¿Cómo descifrar este amor divino? ¡No podemos! Pablo dice que en su amor, se entregó a la cruz por nosotros. No solo no podemos descifrar su gran amor por la humanidad sino que aun más, "¿Podemos decirle a Dios a quiénes Él debe amar?"[22] Bueno, sí podemos darle este consejo, El mismo permite que lo hagamos pero, ¿nos hará caso? Si en algún momento de frustración o de estrés le digo a Dios: "Señor, deja de amarme, no merezco tu amor". ¿Me escuchará?, ¡claro

---

[21]   Gálatas 2:20c, (RV1960).

[22]   Herman Hanko. *El Amor de Dios Salvífico*. (La Habra, California. Internet. Consultado el 11 de octubre de 2019), 3. https://www.cprf.co.uk/languages/spanish_ Godssavinglove.html#.XaBoTpJKhQM

que sí! ¿Me concederá mi petición? ¡Claro que no! Dios en Cristo me seguirá amando, esa es su naturaleza. "Dios es amor",[23] lo confirmó el apóstol Juan.

Cuando volvemos a pensar en las palabras del apóstol Pablo cuando dijo: "… el cual me amó y se entregó a sí mismo por mí", entramos a un estado de dependencia divina, pues no logramos tener un conocimiento del gran amor de Dios y solo podemos decir dos cosas: La primera, Señor Jesucristo, ¡gracias por amarme! Y, la segunda, tomamos las palabras del apóstol Pablo y decimos: "¡Oh profundidad de las riquezas de la sabiduría y de la ciencia de Dios! ¡Cuán insondables son sus juicios, e inescrutables sus caminos!".[24] ¡Dios nos ama!

Conclusión.

Les recuerdo que la manera de vivir para Dios sabiamente es crucificar la carne juntamente con Cristo. La manera de glorificar a Dios con nuestros cuerpos es dejar que el Espíritu Santo siga disfrutando de nuestros cuerpos, es decir que vivamos santamente juntamente con Cristo y, recordar que el amor de Dios es infinito, un amor que llevó a Jesucristo a la cruz para que nosotros fuésemos crucificados juntamente con Cristo y así, ser los amados de Dios.

Hermanos y hermanas, ¡estamos crucificados juntamente con Cristo!

¡Amén!

---

23   I Juan 4:8, (RV, 1960).
24   Romanos 11:33, (NVI).

MUERTOS

Juntamente con Cristo

Si con Cristo ustedes ya han muerto a los
principios de este mundo, ¿por qué, como si
todavía pertenecieran al mundo, se someten a
preceptos tales como: "No tomes en tus manos,
no pruebes, no toques"?

Colosenses 2:20-21, (NVI).

Introducción.

En el mensaje anterior les comenté que hay que morir a la carne; les dije que Pablo dice que debemos estar crucificados juntamente con Cristo y que ya no somos nosotros los que vivimos sino que Cristo vive en nosotros. Pues bien, ahora les comentaré sobre estar muertos juntamente con Cristo. No solamente crucificados sino que también muertos.

Una de las virtudes que tenemos como cristianos es la fe. Los judíos de Colosas que conocían a Pablo también tenían fe en Dios. Era una fe con base en el cumplimiento de la ley de Moisés. Es decir que: "En la fe de Israel la vida virtuosa consiste en hacer la voluntad de Dios".[25] Pero esa voluntad de Dios es cumplir con el ritual mosaico. Para el apóstol Pablo, toda la ley judía o mosaica se cumplió en Jesucristo, el Mesías anunciado en esa misma ley, en los profetas y en los salmos.

---

[25] H. H. Rowley. *La fe de Israel.* Trd. Juan Sowell. (El Paso, Texas. Casa Bautista de Publicaciones.1973), 119.

Por eso dice que los cristianos ya no estamos obligados a cumplir la ley y menos sus tradiciones.

Para Pablo, la vida cristiana está en otra dimensión, está en la dimensión del Reino de Jesucristo. En esta dimensión, la gente ha muerto juntamente con Cristo. En esta dimensión el cristiano es un siervo de Cristo. En esta dimensión servir a Dios es lo máximo: "Porque en el pensamiento bíblico el servició a Dios – por fe - es siempre la libertad cristiana".[26] Pero, al mismo tiempo, es estar muerto juntamente con Cristo, porque no es por obras sino por la gracia de Dios y cada uno de los cristianos fuimos creados por Dios para hacer buenas obras.[27] Y esta verdad bíblica nos pone a pensar sobre nuestra vida cristiana.

I.- Reflexión sobre la conducta de la vida cristiana.

Después de que Pablo ha explicado que debemos de estar crucificados juntamente con Cristo, ahora nos invita a una reflexión sobre la vida cristiana con su paradoja: 'Muertos juntamente con Cristo". Es una reflexión en la que tengo que preguntar: ¿Deberás has muerto con Cristo a los principios o rudimentos de este mundo? Notemos que Pablo habla de una condición: "Si con Cristo ustedes ya han muerto a los principios de este mundo". Es decir, si ya entregaste tu vida a Jesucristo para que Él sea tu Salvador personal y él es Señor de tu vida, entonces tú estás muerto juntamente con Cristo.

---

[26]   H. H. Rowley. *La fe de Israel*. Trd. Juan Sowell. (El Paso, Texas. Casa Bautista de Publicaciones.1973), 119.

[27]   Efesios 2:8-10.

Como he dicho, esta es otra de las paradojas que Pablo usa para decirnos que todo cristiano está muerto juntamente con Cristo. Pero, sabemos por las Escrituras que Cristo no está muerto, pues de acuerdo a los evangelios Cristo resucitó al tercer día después de haber sido sepultado. Entonces, el apóstol Pablo no está hablando de una muerte física sino de una muerte espiritual a los deseos carnales; está hablando de morir a las concupiscencias de la carne tales como fingir una falsa humildad. En la ciudad de Colosas, la doctrina Gnóstica era muy popular. Los gnósticos pensaban que haciendo obras alcanzarían la perfección humana; creían que si practicaban ayunos, o no comían ciertas comidas y no bebían ciertos líquidos estaban ganando salvación; creían que como Dios estaba muy ocupado para atender nuestras necesidades y peticiones, entonces había que pedir la ayuda a los ángeles. También había entre ellos gente que decían tener revelaciones de Dios y que eso les hacía mucho más humildes al mismo tiempo que superiores a los demás.

La respuesta del apóstol Pablo a todas esas doctrinas es:

"Así que nadie los juzgue a ustedes por lo que comen o beben, o con respecto a días de fiesta religiosa, de luna nueva o de reposo. Todo esto es una sombra de las cosas que están por venir; la realidad se halla en Cristo. No dejen que les prive de esta realidad ninguna de esos que se ufanan en fingir humildad y adoración de ángeles. Los tales hacen alarde de lo que no han visto; y, envanecidos por su razonamiento humano, no se mantienen firmemente unidos a la Cabeza. Por la acción de esta, todo el cuerpo, sostenido y ajustado mediante las articulaciones y ligamentos, va creciendo como Dios quiere". Col. 2:16-19, (NVI).

Vuelvo con mi pregunta, ¿deberás has muerto con Cristo a los principios o rudimentos de este mundo? ¿Por qué esta pregunta? Porque parte de lo que Pablo está tratando en colosenses capitulo dos es sobre el ceremonialismo judío. El ceremonialismo es un "acto solemne que se celebra según cierta norma".[28] Entre los judíos el ritualismo levítico tiene sus normas bien definidas. Por ejemplo, la ceremonia del 10 de octubre cuando el sacerdote judío entraba al lugar santísimo tenía que hacer una serie de cosas desde el sacrificio por sus pecados hasta quemar incienso para poder ser acepto en la presencia de Dios, de lo contrario, podría morir.[29]

En Levítico 15:11 habla de lavarse las manos como símbolo de purificación. Esta idea es una tradición sobre lo puro y lo impuro que se practicaba en el Nuevo Testamento. La Biblia cuenta el siguiente relato:

"Los fariseos y algunos de los maestros de la ley que habían llegado de Jerusalén se reunieron alrededor de Jesús, y vieron a algunos de sus discípulos que comían con manos impuras, es decir, sin habérselas lavado. (En efecto, los fariseos y los demás judíos no comen nada sin primero cumplir con el rito de lavarse las manos, ya que están aferrados a la tradición de los ancianos. Al regresar del mercado, no comen nada antes de lavarse. Y siguen otras muchas tradiciones, tales como el rito de lavar copas, jarras y bandejas de

---

28 Eladio Pascual Foronda: Editor General. *VOX: Diccionario de la lengua española.* (Varias ciudades. Editorial McGraw Hill Books y copiado por Larousse Editorial, S. L. 2008), 124.

29 Levítico 9:7-24; 16:1-34

cobre). Así que los fariseos y los maestros de la ley le preguntaron a Jesús:

_ ¿Por qué no siguen tus discípulos la tradición de los ancianos, en vez de comer con manos impuras?

Él les contestó:

_ Tenía razón Isaías cuando profetizó acerca de ustedes, hipócritas, según está escrito: 'Este pueblo me honra con los labios, pero su corazón está lejos de mí. En vano me adoran; sus enseñanzas no son más que reglas humanas". Ustedes han desechado los mandamientos divinos y se aferran a las tradiciones humanas'."[30]

Notemos que Jesucristo hace mucho énfasis en las "tradiciones humanas". Dice que las prácticas de los fariseos eran "tradiciones humanas". Para los judíos del tiempo de Cristo, la pureza ritual o religiosa era muy importante. Tan importante era para ellos que los fariseos creían que "la venida del reino de Dios dependía del cumplimiento total de esa leyes de pureza".[31] Es decir que hasta que no se cumpliera toda la ley mosaica al cien por ciento, el Mesías no vendría. Él no puede llegar a un mundo de pecado.

Ahora bien, la pregunta como cristianos debe ser: ¿Son válidas todas esas leyes para nosotros? La respuesta de Pablo es no. Como reglas de salud sí lo son, hay que lavarse las manos periódicamente, aun en los baños de los restaurantes y en los hospitales podemos leer anuncios como: "Lávese las manos antes de tocar cualquier alimento". "Lávese las

---

30 Marcos 7:1-8, (NVI).

31 Nota en la Biblia de Estudio Esquematizada. Reina Valera 1960. (Impresa en Brasil. Sociedades Bíblicas Unidas. 2010), 1457.

manos antes de salir del baño". Los doctores dicen que para mantener buena salud hay que comer verduras y frutas. Como reglas de salud son buenas. Pero, como reglas para vivir una vida cristiana, Pablo dice que no lo son. Todo lo contrario, nos hace reflexionar sobre nuestra conducta cristiana y nos dice: "Si con Cristo ustedes ya han muerto a los principios de este mundo" ¿Por qué tienen que creer que si no se lavan las manos están en pecado? ¿Por qué tienen que atormentarse creyendo que si no les dio tiempo de bañarse son indignos de estar en el culto? Es incomodo, sí lo es. Es un olor desagradable para los otros, también lo es. Pero eso no afecta para nada tu salvación ni tu deseo de adorar a Dios ni el impedimento para que glorifiques a Dios.

"Los sacrificios levíticos, por el hecho de estar restringidos 'no podían traer perfección' al adorador porque no afectaba su conciencia".[32] ¡Era un mero ritual exterior! Lo que Pablo trata en Colosenses dos es lo interior, es tu conciencia; es mi conciencia como cristiano. Tú y yo sabemos en nuestro interior si estamos viviendo como Dios manda o aparentamos hacerlo. ¡Somos humildes ante Dios o aparentamos serlo!

Yo sé que Dios no hace caso de tu mal olor o de tus manos sucias; no hace mucho caso de lo que comes o bebes, el Señor le hace caso a lo que tienes en tu corazón. Él pone atención a lo que expresas con tu boca. El Señor está pendiente de tu conducta cristiana. A Dios le interesa tu vida como cristiano no los rituales religiosos. ¡Al Señor le interesa tu humildad!

---

32   Frederick Fyvie Bruce. *La Epístola a los Hebreos.* (Grand Rapids, Michigan. Nueva Creación y William B. Eermans Publishing Company. 1987), 199.

Cuando se reunió el Primer Concilio de la Iglesia Cristiana, se discutió sobre la salvación de los gentiles. La pregunta era si los cristianos gentiles deberían practicar las leyes judías o no. Entonces Pedro hace la siguiente pregunta: "... ¿por qué tratan ahora de provocar a Dios poniendo sobre el cuello de esos discípulos un yugo que ni nosotros ni nuestros antepasados hemos podido soportar?"[33]

¡Wauuu! Creo que el más religioso de los apóstoles era Pedro, ¡y el hace esta pregunta! Su experiencia en la casa de Cornelio le había cambiado su mentalidad. Su experiencia como siervo de Cristo le había cambiado su manera de ver la vida en Cristo. Para Pedro, el ser cristiano era lo máximo, ya no había que estar sujeto a las leyes levíticas o a la ley de Moisés para vivir una vida que agrade a Dios. Pedro había encontrado en Cristo Jesús no solamente la salvación sino la mejor manera de ser un cristiano saludable; Pedro se dio cuenta que estar muerto juntamente con Cristo era estar viviendo en otra dimensión; ¡era vivir en el reino de Jesucristo!

Notemos que Pedro dice: "un yugo". Creo que Pedro: "Creía que la humildad renovada en Cristo era el cumplimiento de la vocación de Israel, la cual el Israel infiel había sido incapaz de llevar a cabo".[34] Este es el mismo sentir del apóstol Pablo, pues: "Todo el celo de Pablo estaba.... dirigido a promover esta humildad genuina como la respuesta de Dios al paganismo, y a apremiar a los judíos a que se dieran cuenta

[33] Hechos 15:10, (NVI).

[34] Wright, N. Tom. *El verdadero pensamiento de Pablo: Ensayo sobre la teología Paulina.* (Terrassa, (Barcelona), España. Editorial CLIE. 2002), 144.

de que tenían ante sí el verdadero cumplimiento de su historia y tradición".[35]

Vuelvo entonces a preguntar: ¿Deberás has muerto con Cristo a los principios o rudimentos de este mundo? ¿Es Jesucristo tu Señor y Salvador personal? Si ya eres cristiano, la buena nueva es que, primeramente eres propiedad de Jesucristo. Segundo, como cristiano, vives en otra esfera u otra dimensión, por el hecho de morir juntamente con Cristo, ¡estás en el reino de Jesucristo! No dejas de vivir en este mundo, pero ahora eres parte de la Familia de Dios y como miembro de esta familia debes vivir de acuerdo a sus normas.

La vida con Cristo es vivir en este mundo pero separados de él para disfrutar de las bendiciones que tenemos en Cristo Jesús. Pablo, insiste: "Si con Cristo ustedes ya han muerto a los principios de este mundo, ¿por qué, como si todavía pertenecieran al mundo, se someten a preceptos tales como: "No tomes en tus manos, no pruebes, no toques"?[36] Estas cosas son del mundo y nosotros ya no somos del mundo; ¡somos cristianos evangélicos! ¡Somos gente que le pertenecemos a Dios porque fuimos comprados con la sangre de Cristo Jesús! Y, ¡a Él sea la gloria! ¡Amén!

II.- Propiedad de Cristo.

Desde el mismo instante en que invitamos a Cristo a nuestras vidas para que fuera nuestro Salvador y Señor,

---

[35] Frederick Fyvie Bruce. *La Epístola a los Hebreos*. (Grand Rapids, Michigan. Nueva Creación y William B. Eermans Publishing Company. 1987), 199.

[36] Colosenses 2:20-21, (NVI).

desde ese mismo día, llegamos a ser propiedad de Cristo, él nos compró con su sacrificio en la cruz del Calvario; ¡Ya pertenecemos a Cristo! Pablo estaba seguro que los cristianos de Colosas eran propiedad de Cristo, por eso les pregunta: "¿Por qué, como si todavía pertenecieran al mundo, se someten a preceptos tales como: 'No tomes en tus manos, no pruebes, no toques'?"[37] Al ser propiedad de Cristo, entonces, las reglas del juego cambian. Si antes hacíamos las cosas del mundo es porque vivíamos para el mundo. Aunque todavía estamos en el mundo, como cristianos, ya no somos de su propiedad. ¡Somos propiedad del Señor Jesucristo!

Antes de que Jesús fuera apresado para ser crucificado, oró por sus discípulos y dijo: "Ellos no son del mundo, como tampoco lo soy yo. Santifícalos en la verdad; tu palabra es la verdad".[38] ¿Lo notaron? ¡Somos propiedad de Cristo! Ahora bien, como propiedad de Cristo, entonces, estamos en otro ambiente; estamos en el Reino de Jesucristo sin dejar de vivir en este mundo. El apóstol Pablo dice: "… pues aunque vivimos en el mundo, no libramos batallas como lo hace el mundo".[39] Como piedad de Cristo, ¡él libra las batallas de este mundo por nosotros! ¡Él es nuestro Capitán! ¿Tú, como cristiano, qué tienes que hacer? Yo, como cristiano, ¿qué tengo que hacer? Obedecer las órdenes de mi Capitán.

La pregunta de Pablo es: "… ¿por qué, como si todavía pertenecieran al mundo, se someten a preceptos tales como: 'No tomes en tus manos, no pruebes, no toques'? ¿Qué es todo

---

37   Colosenses 2:20-21, (NVI).

38   Juan 17:16-17, (RV 1960).

39   2 Corintios 10:3 - Biblia Nueva Versión Internacional 1999

esto? Ya he comentado que es parte del ritualismo judío pero en el caso de los colosenses era más que un mero ritualismo, para Pablo, eran filosofías o doctrinas meramente humanas que no ayudan para la vida espiritual sino solo para vivir una vida atada a los deseos de los humanos. Esta es la razón por la cual Pablo les dice a los hermanos de Colosas: "Cuídense de que nadie los cautive con la vana y engañosa filosofía que sigue tradiciones humanas, la que está de acuerdo con los principios de este mundo y no conforme a Cristo".[40]

¡Somos propiedad de Cristo!

III.- La muerte de los malos deseos.

Ahora llegamos al meollo del asunto que Pablo trata con los hermanos de la Iglesia de Colosas. El cristianismo de la región de Colosas estaba infectado con la doctrina gnóstica. Desde el versículo dieciséis hasta el final del capítulo dos de la Carta a los Colosenses, Pablo, enseña sobre los peligros de la doctrina o filosofía gnóstica.

Cuando el apóstol Pablo les dice a los colosenses: "Si con Cristo ustedes ya han muerto a los principios de este mundo, ¿por qué, como si todavía pertenecieran al mundo, se someten a preceptos tales como: "No tomes en tus manos, no pruebes, no toques"?,[41] lo que les está diciendo es que esta manera de pensar "es una vuelta a una esclavitud que no tiene nada de cristiana – lo que están haciendo es - abandonando la libertad

---

40   Colosenses 2:8 Nueva Versión Internacional (NVI)

41   Colosenses 2:20-21, (NVI).

cristiana"[42] para someterse a los preceptos u ordenanzas de la doctrina gnóstica.

He comentado que las reglas o prácticas de los gnósticos tienen cierto valor humano; como ayudarnos con nuestra salud física o para mantenernos en una comunión haciendo todos lo mismo pero, nada tiene que ver ni con la humildad o con una vida cristiana saludable. Notemos una vez más las enseñanzas del apóstol Pablo:

"Estos preceptos, basados en reglas y enseñanzas humanas, se refieren a cosas que van a desaparecer con el uso. Tienen sin duda apariencia de sabiduría, con su afectada piedad, falsa humildad y severo trato del cuerpo, pero de nada sirven frente a los apetitos de la naturaleza pecaminosa". Col. 2:22-23, (NVI).

¿Lo notaron? El apóstol Pablo, dice: "... de nada sirven frente a los apetitos de la naturaleza pecaminosa". Esto significa entonces que el *"No tomes en tus manos, no pruebes, no toques..."* y las demás reglas, así como la adoración a los ángeles que también enseñaba la doctrina gnóstica, "no lo libra a uno de las concupiscencia carnales, sino que solamente lo mantiene a uno en la traílla".[43] La "traílla" es la "cuerda con que los cazadores llevan atado el perro".[44] Aunque el perro

---

[42]   William Barclay, *Comentario al Nuevo Testamento: Volumen 11: Filipenses, Colosenses y 1ra y 2da de Tesalonicenses.* (Terrassa (Barcelona), España. Editorial CLIE. 1999), 180.

[43]   William Barclay, *Comentario al Nuevo Testamento: Volumen 11: Filipenses, Colosenses y 1ra y 2da de Tesalonicenses.* (Terrassa (Barcelona), España. Editorial CLIE. 1999), 180.

[44]   Diccionario Enciclopédico Vox 1. © 2009 Larousse Editorial, S.L. *Definición del término "traílla".* (La Habra, California. Internet. Consultado el 20 de octubre de 2019), 1. https://es.thefreedictionary.com/tra%C3%ADlla

tiene la energía para correr por el campo, y quisiera hacerlo, aunque le gustaría correr con libertad, ¡no puede! Está limitado por una cuerda. Esto es precisamente lo que Pablo está diciendo en estos versículos de Colosenses dos, las reglas o doctrinas gnósticas atan a la persona y le dan cierta libertad pero sus deseos pecaminosos no son controlados, en el caso de los cristianos, lo que es controlado es su liberad que tiene en Cristo Jesús. Pablo dice que solamente al morir juntamente con Cristo las concupiscencias carnales son dominadas. Esta es parte de la gran victoria que encontramos en la obra redentora; no solamente somos salvos de nuestros pecados sino que también somos libres de las atracciones carnales y de los reglamentos de las doctrinas gnósticas que no tienen ningún poder para sanar el alma y el espíritu humano.

En I Samuel 16:7, la Biblia dice que: "Jehová no mira lo que mira el hombre; pues el hombre mira lo que está delante de sus ojos, pero Jehová mira el corazón". "A veces, la persona quiere genuinamente hacer lo correcto, sin embargo, de alguna manera, hace lo malo".[45] Cree que así deben ser las cosas y las impone a otras personas. No es que quiera hacer lo malo sino que cree que así puede ayudar en hacer lo bueno. El pastor Mark Driscoll cuenta la siguiente historia. Una madre estaba cocinado cuando le sonó el timbre del teléfono. Dejó de cocinar y contestó la llamada. Su niña quiso ayudarla en la cocina mientras ella contestaba la llamada. Cuando la madre regresó a la cocina, vio a su hija llena de harina en su cara y la pequeña, "con una sonrisa de orgullo le dijo: 'Lamento que tengas que trabajar tan duro, mami. Te quiero

---

45 Mark Driscoll. Jesús lleno del Espíritu: Viva por su poder. (Lake Mary, Florida. Casa Creación. 2018), 57

y ¡te estoy ayudando haciendo la cena!".[46] Dios no mira lo que mira el hombre, el ve el corazón. Dios sabe cuáles son tus intensiones; son buenas o malas.

La insistencia del apóstol Pablo es que nada ni nadie prive al cristiano con una falsa humildad de la liberad que hay en Cristo Jesús. Cuando el hombre y la mujer que han entregado sus vidas al poderío de Cristo Jesús y han muerto juntamente con Cristo a los deseos carnales, es porque "Dios ya los trajo, sanos y salvos, al reino de Cristo".[47] Esto es lo que Pablo les había enseñado a los colosenses y que en esta carta se los recuerda, diciéndoles: "Él nos libró del dominio de la oscuridad y nos trasladó al reino de su amado Hijo, en quien tenemos redención, el perdón de pecados".[48] Esta es la razón por la debemos estar muertos juntamente con Cristo.

Recordemos, pues que: "La libertad cristiana no viene de tratar de restringir los deseos con reglas y normas, sino de la muerte de los malos deseos y del surgir a la vida de los buenos deseos en virtud de que el cristiano está en Cristo y Cristo en el Cristiano".[49] Cuando aceptamos el morir juntamente con Cristo es cuando todos nuestros deseos carnales son sometidos a la Soberanía del Señor y nosotros solo somos llevados por el Espíritu Santo a donde Dios desea que estemos y seamos. Un muerto no puede hacer nada por sí solo, ¡está

---

[46]   Mark Driscoll. Jesús lleno del Espíritu: Viva por su poder. (Lake Mary, Florida. Casa Creación. 2018), 57-58

[47]   Nota en la Biblia de Estudio Esquematizada. Reina Valera 1960. (Impresa en Brasil. Sociedades Bíblicas Unidas. 2010), 1786

[48]   Colosenses 1:13, (NVI).

[49]   William Barclay, Comentario al Nuevo Testamento: Volumen 11: Filipenses, Colosenses y 1ra y 2da de Tesalonicenses. (Terrassa (Barcelona), España. Editorial CLIE. 1999), 180.

muerto! Cuando morimos juntamente con Cristo no debemos hacer nada para la satisfacción de la carne. ¡Estamos muertos!

Conclusión.

Termino este mensaje con la misma pregunta con la que empecé: ¿Deberás has muerto con Cristo a los principios o rudimentos de este mundo? Recuerda que si ya entregaste tu vida a Jesucristo para que él sea tu Salvador y Señor, entonces, ya le perteneces a Cristo Jesús y ahora todo lo que tienes que hacer es morir a la carne juntamente con Cristo. Ya vives en otra dimensión; estás en la dimensión en donde cada día debes morir juntamente con Cristo a toda concupiscencia, a todo deseo carnal y a toda práctica religiosa que te separe o te saque de la dimensión en la que Cristo te puesto.

Ya debes vivir de una manera que solo le agrade a Dios y la mejor manera de hacerlo es lo que hoy hemos escuchado: Morir juntamente con Cristo. En este estado espiritual, seremos llevados por la fuerza y el deseo de Dios por medio del Espíritu Santo; él será nuestro guía y conductor a lo que Dios desea. Los muertos son llevados no van solos. El que está muerto juntamente con Cristo es llevado por el Espíritu Santo a donde el Señor quiere que seamos sepultados.

El sepulcro espiritual es un estar para siempre en el lugar en donde Dios se agrada de nosotros. Su mayor agrado es que estamos juntamente con Cristo; ¡estamos con su Amado Hijo! ¡Estamos con Cristo! Y lo estamos porque somos de su propiedad. ¡Amén!

SEPULTADOS

Juntamente con Cristo

*Por tanto, mediante el bautismo fuimos sepultados
con él en su muerte, a fin de que, así como Cristo
resucitó por el poder del Padre, también nosotros
llevemos una vida nueva.*
Romanos 6:4, (NVI).

Introducción.

Les comenté en el mensaje anterior que una de las
doctrinas que el apóstol Pablo enseñó fue que el verdadero
cristiano está muerto a toda concupiscencia; a toda atracción
pecaminosa, pues está muerto juntamente con Cristo.

Ahora, el mismo apóstol Pablo nos dice que no solamente
estamos muertos juntamente con Cristo sino que también
hemos sido sepultados juntamente con Cristo. Para esta
doctrina, Pablo, usa el ejemplo del bautismo en agua.

Una señora cuenta que una amiga suya "estuvo esperando
con impaciencia a que le entregaran un sofá nuevo en su
casa. Cuando por fin lo recibió, se horrorizó al ver en
qué condiciones estaba, y decidió quejarse por teléfono al
departamento de servicio al cliente de la tienda:

- El frente está rayado, faltan dos cojines y tiene además
  un rasgón en un brazo.

El imperturbable empleado replicó:

- Pero, aparte de eso, ¿está conforme con el sofá?"[50]

Romanos 6:4 dice que no es suficiente, es decir, que no hay que estar conforme con el hecho de ser cristiano. La enseñanza es más profunda que eso; el verdadero cristiano debe estar crucificado juntamente con Cristo; debe de estar muerto juntamente con Cristo y además, debe de estar sepultado juntamente con Cristo. ¿Qué significa estar sepultado con Cristo?

I.- Significa un simbolismo del sepulcro.

En la Versión Reina Valera de 1960, este mismo texto dice: "Porque somos sepultados juntamente con él para muerte por el bautismo".[51] "Pablo parece estar refiriéndose a la manera en que las personas eran bautizadas en aquel tiempo: eran sumergidas en el agua, y de esa manera eran simbólicamente 'sepultadas'."[52]

En el rito del bautismo, cuando tú y yo nos bautizamos en agua, lo que hicimos fue poner nuestra fe en la muerte expiatoria de Jesucristo, por medio de la cual todos nuestros pecados fueron perdonados; quedamos limpios de pecado ante los ojos de Dios. La figura más clara de esta doctrina

---

[50] Audón Correa, Director. Selecciones del Reader's Digest. *El cliente es primero.* La revista más leída del mundo. (Coral Gables, Florida. Reader's Digest Latinoamérica, S. A. Volumen CX. No. 659. 1995), 148

[51] Romanos 6:4a, (RV1960).

[52] *Somos sepultados juntamente con él.* Nota de pie de página en la Biblia de Estudio Esquematizada. (Impresa en Brasil. Sociedades Bíblicas Unidas. 2010), 1684.

es el bautismo en agua de la que Pablo habla en este texto de Romanos 6:4. Creo que todos nosotros, en alguna ocasión hemos acompañado a un familiar o amigo o hermano o hermana en Cristo al Cementerio. Después de una corta ceremonia, el cadáver es bajado al sepulcro. La tierra cubre todo el ataúd y, aquí, en Estados Unidos, sobre la tumba, se vuelve a colocar el pasto y de la persona que ha sido sepultada solo queda el recuerdo, ¡ya no vemos nada de ella! Esto es lo que hace el bautismo en agua, somos sepultados en el agua. El agua cubre todo nuestro ser. ¡Quedamos bajo el agua! Ya nadie nos ve, quedamos ocultos a los ojos humanos. Por eso es más correcto el bautismo en el que somos bajados dentro del agua al que solamente se le pone un poco de agua en la cabeza, ya sea por rociamiento o por aspersión.

"(Un obispo de la Iglesia de Inglaterra) dice: 'El bautismo es el sepulcro del hombre viejo, y el nacimiento del nuevo. Al hundirse bajo las aguas bautismales, el creyente sepulta allí todos sus afectos corrompidos y sus pecados pasados; al emerger de allí se levanta regenerado, vivificado a esperanzas nuevas y a una nueva vida'."[53]

Si este obispo toma estas palabras como un símbolo de ser sepultados juntamente con Cristo, es una declaración excelente de lo que Pablo enseña en Romanos 6:4, "Sepultados juntamente con Cristo", o como dice la Nueva Versión Internacional: "Por tanto, mediante el bautismo fuimos sepultados con él en su muerte". "Al cerrarse las aguas sobre la cabeza del bautizado, era como si muriera; al salir otra vez

[53] E. C. Dargan. *Comentario Expositivo sobre el Nuevo Testamento: I Corintios – 2 Tesalonicenses: Tomo V.* Trd. Jaime C. Quarles. (El Paso, Texas. Casa Bautista de Publicaciones. 1973), 428.

del agua era como si resucitara a una nueva vida".[54] ¡Este bautismo es el simbolismo del sepulcro! ¡Esto es lo que Pablo enseña cuando dice: "Sepultados juntamente con Cristo"! El bautismo en agua "fue practicado por la comunidad de los esenios en Qumrán como un acto simbólico mediante el cual uno era 'hecho santo por las aguas del arrepentimiento' (1QS 3:9)".[55] Entonces, pues, el bautismo en agua era un perfecto símbolo de lo que es ser sepultado juntamente con Cristo en el sentido espiritual.

II.- Significa que no somos incapaces de pecar.

Cuando el apóstol Pablo habla de que estamos muertos juntamente con Cristo no está enseñando que como cristianos somos incapaces de pecar porque ya estamos muertos. Es muy cierto que el que está muerto físicamente no tiene ninguna atracción a la concupiscencia; no se queja del frio o del calor; no se preocupa si lo van a sepultar o lo van a cremar; ¡Es un cadáver ajeno a todo lo que le rodea! Pero en el sentido espiritual, tal y como lo presentan Pablo, es diferente, ¡estamos conscientes de todo lo que nos rodea!

Sin embargo, Pablo dice que hemos muerto al pecado[56] "¿Qué quiere decir con esto? Es evidente que el apóstol no

---

[54] William Barclay. *Comentario al Nuevo Testamento: Volumen 11: Filipenses, Colosenses y 1ra y 2da de Tesalonicenses.* (Terrassa (Barcelona), España. Editorial CLIE. 1999), 173

[55] Biblia de Estudio NVI Arqueológica: Un viaje ilustrado a través de la cultura y la historia bíblicas. *El bautismo en el mundo antiguo: Mateo 3* (China. Publicada por Editorial Vida, Miami, Florida. 2009), 1604.

[56] Romnaos 6:2

desea dar a entender que los cristianos no sean tentados por el pecado o que seamos incapaces de pecar",[57] sino que al contrario, cuando dice que debemos estar muertos juntamente con Cristo, es porque todavía esta carne nos invita a pecar. Es decir que, Pablo, no dice que por el hecho de estar muertos juntamente con Cristo ya somos cadáveres. Su doctrina es una doctrina espiritual; debemos de considerarnos muertos juntamente con Cristo de una manera espiritual porque somos conscientes de que todavía tenemos la tendencia a pecar. En un sentido espiritual, debemos ser cadáveres.

Los gnósticos del tiempo de Pablo entendían muy bien el tipo de atracción carnal y por eso les costaba trabajo pensar que con el hecho de haber aceptado a Jesucristo como el Salvador ya todos sus pecados eran perdonados. Esta doctrina no cabía en sus mentes por eso trataban de obligar a los cristianos de Colosas a que se circuncidaran, los querían obligar a que adoraran a los ángeles, los querían obligar a que se sometieran a reglas y reglamentos acéticos como los largos ayunos y la tortura corporal. "Según ellos lo veían, la verdad sencilla que Jesús había predicado y que se conservaba en el Evangelio no era suficiente. Había que completarla con un sistema elaborado de pensamiento seudofilosófico".[58] Una mentalidad de que había que hacer algo más que sencillamente creer que ya eran salvos por la fe en Cristo Jesús.

---

[57]   Douglas J. Moo. *Comentario con aplicación: Romanos: del texto bíblico a una aplicación contemporánea.* (Miami, Florida. Editorial Vida. 2011), 188.

[58]   William Barclay. *Comentario al Nuevo Testamento: Volumen 11: Filipenses, Colosenses y 1ra y 2da de Tesalonicenses.* (Terrassa (Barcelona), España. Editorial CLIE. 1999), 167

Bueno, Pablo, les dice a los hermanos de Colosas, si hay algo que como cristianos tenemos que hacer es morir juntamente con Cristo. El Cristianismo del tiempo del apóstol Pablo estaba siendo sometido a un sistema filosófico que enseñaban los gnósticos, pero también era sometido a la influencia del judaísmo con sus múltiples reglas para poder estar bien con Dios. No hay mucha diferencia en nuestros días; el cristiano es sometido a una serie de filosofías, algunas de ellas absurdas, es sometido a reglas y mandamientos que ni los mismos que las imponen pueden cumplirlas. El apóstol Pablo insiste que como no somos inmunes a la atracción del pecado, entonces, lo que debemos hacer es sepultarnos juntamente con Cristo. El sepultarnos juntamente con Cristo es lo que nos hace libres del pecado. Por eso es que cantamos que ya somos libres en Cristo Jesús.

III.- Significa también una decisión consciente y voluntaria.

Para que la doctrina de estar Sepultados juntamente con Cristo sea una experiencia redentora y justificadora tiene que ser voluntaria. Tú y yo, como cristianos, tenemos que estar conscientes de que debemos sepultar voluntariamente toda nuestra carnalidad; debemos estar conscientes de que la única manera de librarnos de las concupiscencias de la carne es que voluntariamente nos sepultemos juntamente con Cristo. El apóstol Pablo les dijo a los cristianos de la provincia de Galacia: "… porque todos los que han sido bautizados en Cristo se han revestido de Cristo".[59] Pablo está hablando del bautismo espiritual. En ese bautismo, que nosotros aceptamos

---

[59] Gálatas 3:27, (NVI).

voluntariamente, somos protegidos de todas las asechanzas o apetitos de la carne.

"La purificación a través de la inmersión en los baños rituales era un requisito para todos los judíos con el propósito de preservar ese estado de pureza sin ellos no podían entrar al templo ni participar en sus servicios durante las fiestas importantes".[60] Sin embargo, en el Nuevo Testamento existe un cambio; el bautismo ya no es una obligación como pureza espiritual. A fuerzas, ni los zapatos entran, decía mi abuelita, Doña María Pardo. Si yo como pastor te obligo a sepultarte juntamente con Cristo, no te ayudara, creo que te volverás rebelde y tal vez me digas como dijo cierta hermana: "¿Por qué tengo que hacerle caso a este pastorcito mexicano?" Si te obliga tu cónyuge, a la mejor hasta se divorcian. Noten que Pablo no estaba obligando a nadie, solo estaba enseñando lo que era lo mejor para ellos. Yo no te obligo a nada, solo te digo que si consciente y voluntariamente te sepultas juntamente con Cristo, el pecado no te dominará. ¡Tú tendrás control del pecado que te rodea! Es decir que, si cometes pecado es porque tú decidiste pecar. Ya no eres su esclavo.

Una cosa es muy cierta dentro de la teología bíblica: "Cuando alguien se convierte en cristiano... el cambio de estado que experimenta tal persona en relación con el pecado es tan drástico como el que existe entre la vida y la

---

60   Biblia de Estudio NVI Arqueológica: Un viaje ilustrado a través de la cultura y la historia bíblicas. *El bautismo en el mundo antiguo: Mateo 3* (China. Publicada por Editorial Vida, Miami, Florida. 2009), 1604

muerte".[61] Cuando yo deje de ser cristino[62] y me convertí en cristiano, fue una experiencia muy drástica. Voluntariamente y consciente de mi nueva vida en Cristo sepulté todos mis apatitos carnales juntamente con Cristo, aunque el olor de la cerveza y el color del vino me llamaban fuertemente la atención, hasta la fecha, es decir, después de más de cuarenta años, ¡no me han dominado! Humanamente hablando, no era un santo ni aun lo soy, por eso cada día trato de sepultarme; de sumergirme en Cristo para que él sea quien tome toda decisión por mí.

Entonces, pues, ¿por qué Pablo habla del bautismo en este pasaje de Romanos 6:4? Si pensamos que la palabra griega para bautismo es *Baptizo* y que significa "*sumergir en*", entonces, es muy posible que Pablo esté enseñando que los cristianos, por el hecho de haber aceptado a Jesucristo por la fe, han sido "*sumergidos*" en Cristo. Nadie te obligó a ser cristiano, la gracia de Dios te rodeo, el Espíritu Santo te convenció de tu pecado y tú consciente de tus pecados, voluntariamente entregaste tu vida a Jesucristo.

¿Y qué es lo que hoy te pide el apóstol Pablo? Que consciente de tus pecados, voluntariamente y de una manera simbólica, dejes tu lugar y te arrodilles ante su presencia como si voluntariamente te sepultaras juntamente con Cristo Jesús.

---

61 Douglas J. Moo. *Comentarios con aplicación: Romanos: del texto bíblico a una aplicación contemporánea.* (Miami, Florida. Editorial Vida. 2011), 188

62 *Cristino.* Término que uso para la persona que está en la iglesia fungiendo como cristiano pero que nunca ha hecho una decisión por Cristo; es una persona que nunca ha entregado su vida a Jesucristo para que Él sea Su Salvador personal, ni mucho menos el Señor de su vida. Yo estaba ministrando en la Iglesia Bautista pero nunca había aceptado a Jesucristo como mi Salvador.

Conclusión.

Las horas que Jesús estuvo en la tumba, fueron horas de descanso. Había tenido casi una semana de intensa actividad y cuando lo pusieron en la tumba, descansó. Recuerda que el voluntariamente y consciente de todo lo sucedido, entregó su vida y se dejó llevar al sepulcro.

De una manera simbólica, tú, hoy, voluntariamente puedes dejar tu lugar y sepultarte juntamente con Cristo. Dios desea que hoy te sumerjas en Cristo. El Señor quiere darte descanso de todos tus pecados.

VIVIFICADOS

Juntamente con Cristo

"Pero Dios, que es rico en misericordia, por su gran amor por nosotros, nos dio vida con Cristo, aun cuando estábamos muertos en pecados. ¡Por gracia ustedes han sido salvados!"
Efesios 2:4-5, (NVI)

Introducción.

La novelista Kay Haugaard dijo: "¡Qué mundo tan pobre sería el nuestro si no hubiera hierbas capaces de impugnar la estrecha concepción humana del orden, o de insinuar nuevas posibilidades a nuestras tan limitadas mentes! ¿Quién puede calcular la fuerza que recibimos cuando vemos y nos identificamos con un diente de león que crece en una grieta para florecer orgulloso en medio de la adversidad? Cuando veo lo que esas plantas logran hacer con lo poco que les tocó en suerte, siento que mis esfuerzos son insuficientes".[63]

Cuando nos sentimos de la misma manera que Key, con "esfuerzos insuficientes" para luchar contra el pecado o los problemas que nos asedian día con día, es el tiempo para recordar que fuimos crucificados juntamente con Cristo y que ahora estamos en la tumba espiritual

---

[63] Kay Haugaard. *Temas de reflexión.* (Hollywood, Florida. Selecciones del Reader's Digest. Volumen CX. No. 659. Octubre 1995), 95

juntamente con nuestro Señor Jesucristo y que es allí, en donde nos da vida. Es allí, en el "sepulcro espiritual" en donde, recibimos la Vida de Jesucristo en medio de las tinieblas del sepulcro aun con todo lo que implica de adversidad e incredulidad; al igual que el diente de león naciendo y creciendo entre las rocas, nosotros, en medio de lo imposible, "aun cuando estábamos muertos en pecados". Dice la Biblia, "¡Por gracia ustedes han sido salvados!"

En esa salvación por gracia y desde la misma tumba juntamente con Cristo Jesús, ¿qué recibimos a causa del gran amor de Dios y de la gracia de Jesucristo?

I.- Vida en Cristo.

Al ser vivificados en Cristo Jesús, tenemos vida en el Señor Jesucristo. Después de que fuimos muertos y sepultados juntamente con Cristo de una manera espiritual, ahora, de esa misma manera, somos "vivificados juntamente con Cristo". Antes de seguir adelante, hago dos aclaraciones: *Primera,* noten que aún no somos resucitados, esto lo veremos en el próximo mensaje. De una manera simbólica, todavía estamos en la tumba con Jesucristo, pero ya no muertos, sino que ya tenemos la vida de Cristo en nosotros, es decir, ya somos nuevas criaturas aunque no somos todavía presentados ante el mundo. Somos como el bebé dentro del seno materno, con vida aunque nadie aun lo conoce.

Una de las características de la Carta a los Efesios es el término o la frase *"Con Cristo"*. ¿Qué enseña esta frase? "El sentido – en el idioma griego – es *'nos vivificó juntamente con Cristo'*.[64] Esto significa que allí, en la tumba espiritual, mientras estábamos muertos en nuestros delitos y pecados, Cristo Jesús no dio vida. Una vida completamente fuera de esta esfera terrenal; ¡es la Vida Eterna!

En segundo lugar, notemos que Pablo se incluye en este proceso de vida en Cristo Jesús. Pablo, como buen judío: "Está convencido que su propio estado –espiritual-... no era básicamente mejor que el de los gentiles, y que también el nuevo gozo ahora descubierto – en la vida con Cristo Jesús-es el mismo para todos".[65] ¿Te das cuenta? ¡La vida de Cristo Jesús es también para ti! No importa si te consideras justo o no; no importa si te consideras buena persona o no; por la gracia y la misericordia de Dios, la vida en Cristo Jesús es tan amplia que también te cubre a ti.

"... Dios, que es rico en misericordia, por su gran amor por nosotros, nos dio vida con Cristo". Y por eso, ahora somos su pueblo, un pueblo que tiene la misma vida de Jesucristo; un pueblo que está saturado del amor de Dios. Es decir, como dijo un escritor: "Somos ahora los niños redimidos".[66] En la teología bíblica podemos decir que: "Es el amor de Dios a favor de los hombres mientras ellos

---

[64] J. A. Smith. *Comentario Expositivo sobre el Nuevo Testamento: 1 Corintios a 2 Tesalonicenses*. Trd. Jaime C. Quarles. (El Paso Texas, Casa Bautista de Publicaciones. 1973), 294

[65] Guillermo Hendriksen. *Efesios: Comentario del Nuevo Testamento*. (Grand Rapids, Michigan. EE.UU. Subcomisión Literatura Cristiana de la Iglesia Cristiana Reformada. Distribuido por T.E.L.L., 1984), 128.

[66] J. A. Smith. *Comentario Expositivo sobre el Nuevo Testamento: 1 Corintios a 2 Tesalonicenses*. Trd. Jaime C. Quarles. (El Paso Texas, Casa Bautista de Publicaciones. 1973), 294

son todavía pecadores",[67] es decir, mientras aún están en la tumba muertos en sus pecados que, reciben la vida de Cristo Jesús. Toma nota de esto: Allí en el mismo sepulcro espiritual. ¡Dios nos ha dado vida en Cristo Jesús! Esto es, ¡somos vivificados juntamente con Cristo!

II.- Acercamiento a Dios Padre.

Al ser vivificados en Cristo o juntamente con Cristo, tenemos un acercamiento a Dios por medio de la justificación en Jesucristo. El pecado no solamente quita la inocencia, como se la quitó a la primera pareja de la raza humana, sino que también nos aleja de Dios. Adán y Eva fueron arrojados de la presencia de Dios cuando pecaron.[68] Entonces, pues, el pecado, además de que quita la inocencia, también produce un sentimiento de alejamiento de Dios y aun de las personas. Cuando el profeta Isaías tuvo la visión de la Gloria de Dios en el templo, "su primera reacción fue decir: '¡Ay de mí, que estoy perdido! Porque soy un hombre de labios inmundos, y vivo entre personas que tienen labios inmundos' *(Isaías 6:5)*".[69] Al sentirse lleno de pecado, inmediatamente sintió un alejamiento de Dios. Este fue el mismo sentir del apóstol Pedro "cuando se dio cuenta de Quién era Jesús, su primera reacción fue: '¡Apártate de mí, porque soy un hombre pecador, oh Señor!' *(Lucas*

---

[67]   J. A. Smith. *Comentario Expositivo sobre el Nuevo Testamento: 1 Corintios a 2 Tesalonicenses.* Trd. Jaime C. Quarles. (El Paso Texas, Casa Bautista de Publicaciones. 1973), 294

[68]   Génesis 3:24.

[69]   William Barclay. *Comentario al Nuevo Testamento: Volumen 10: Gálatas y Efesios.* Trd. Alberto Araujo. (Terrassa (Barcelona), España. Editorial CLIE. 1998), 133.

5:8)".[70] El pecado además de quitar la inocencia, también nos aparta de Dios y en ocasiones también de las personas. En su alejamiento de la presencia de su padre, de sus hermanos y de los siervos de su padre, el joven pródigo del que nos habla Jesucristo en el Evangelio de Lucas, en cierto día dijo: "¡Cuántos jornaleros en casa de mi padre tienen abundancia de pan, y yo aquí –solo entre estos cerdos- perezco de hambre!"[71] ¡El pecado nos hace sentir que no podemos estar ante Dios!

Sin embargo, el Joven se levantó, caminó y llegó ante la presencia de su padre, y allí, fue apapachado con abrazos y besos a pesar de que todavía olía a cerdo y al sudor del camino, ¡En la casa de su padre cobró vida! ¡En la tumba de Cristo, cobramos vida! Cuando el apóstol Pablo dice "que Dios es rico en misericordia, y que por su gran amor por nosotros, nos dio vida con Cristo, aun cuando estábamos muertos en pecados", está haciendo referencia a un acercamiento hacia Dios mismo, no solamente hacia Jesucristo sino al mismo Padre Celestial, por algo Jesús dijo: "Yo soy el Camino, la Verdad y la Vida. Nadie va al Padre sino por mí".[72] Ese gran amor y esa gran misericordia de Dios nos acercan a Dios. El Salmista David, en uno de sus himnos de alabanza, dijo:

"...Cuando veo tus cielos, obra de tus dedos, la luna y las estrellas que tú has establecido, digo:

[70] William Barclay. *Comentario al Nuevo Testamento: Volumen 10: Gálatas y Efesios.* Trd. Alberto Araujo. (Terrassa (Barcelona), España. Editorial CLIE. 1998), 133.

[71] Lucas 15:14, (RV 1995, Biblia en línea. Internet. https://www.biblegateway.com/passage/?search=Lucas+15&version=RVR1995

[72] Juan 14:6, Biblia de Jerusalén en línea. https://www.bibliacatolica.com.br/la-biblia-de-jerusalen/juan/14/

¿Qué es el hombre para que de él te acuerdes, y el hijo del hombre para que lo cuides? ¡Sin embargo, lo has hecho un poco menor que los ángeles, y lo coronas de gloria y majestad!..."[73]

¿Lo notaron? ¡Somos hechos un poco menor que los ángeles! Y, sin embargo, "ricamente dotados por – Dios, el cual nos ha creado con - "propósitos... de bondad infinita, al mismo tiempo que – somos - 'pecadores'."[74] ¡Esto no se nos quita! Mientras estemos en esta tierra, la paradoja bíblica es que: ¡Somos santos pecadores! En el accionar del amor de Dios hacia la humanidad: "Su amor no le ciega al pecado; ni el pecado enajena tanto el amor de modo que no se pueda esperar otro pensamiento de bondad ni de otra provisión de gracia".[75] Esta dotación de la gracia de Dios y de su gran amor es la que nos acerca a Dios en las condiciones en las que nos encontramos; aun como lo estaba el hijo pródigo, el amor de Dios cumbre multitud de pecados (I Pedo 4:8).

¡Ah, la misericordia de Dios! ¿Hacia dónde lleva la misericordia de Dios al pecador? ¡Hasta la misma presencia del Padre! Es decir que estamos hablando de un gran cambio: "Al hombre totalmente indigno, tal misericordia, amor, y gracia le es concedida – por Dios. Así que- .... El trágico

---

[73]   Salmo 8:3-5. Biblia en Línea. Internet. Consultada en 1 de noviembre de 2019. https://bibliaparalela.com/psalms/8-4.htm

[74]   J. A. Smith. *Comentario Expositivo sobre el Nuevo Testamento: I Corintios a 2 Tesalonicenses.* Trd. Jaime C. Quarles. (El Paso Texas, Casa Bautista de Publicaciones. 1973), 294

[75]   J. A. Smith. *Comentario Expositivo sobre el Nuevo Testamento: I Corintios a 2 Tesalonicenses.* Trd. Jaime C. Quarles. (El Paso Texas, Casa Bautista de Publicaciones. 1973), 294

relato de la desdichada condición del hombre ha terminado"[76] en la obra vivificante de Cristo Jesús. Así es que, por el hecho de tener vida en Cristo Jesús, ahora estamos muy cerca de Dios; ¡estamos en Dios! ¡Disfrutemos de su gloria!

¡Waw!, ¡Qué obra tan maravillosa! Esto es lo que hace Jesucristo; nos acerca a Dios. En ocasiones nosotros retiramos al que consideramos pecador de hacer lo que Dios le ha llamado hacer. ¡Qué mentes tan limitadas tenemos del amor, la misericordia y el poder transformador de Dios! ¡Qué concepto tan limitado tenemos de la Obra Redentora de Jesucristo! ¿A qué vino Jesucristo a esta tierra? ¿A qué vino a nosotros? No me cabe la menor duda, y lo digo por mi experiencia en la vida cristiana que Jesucristo "vino para quitar el sentimiento de alejamiento y de culpabilidad, diciéndonos que Dios nos quiere tal como somos".[77]

III.- Nueva perspectiva de vida.

Al ser vivificados juntamente con Cristo, recibimos una nueva perspectiva de vida. Jamel Oesser-Sweat nació en un barrio pobre en el distrito del Bronx, en la ciudad de Nueva York. Su padre fue de la raza negra y su madre de los indígenas de las pieles rojas. En su casa el frio era una tortura, no tenían calefacción y además su padre estaba próximo a morir de cáncer. Fuera de su casa era discriminado por ser pobre y de piel morena. Su madre acostumbraba leerle

---

[76]   Guillermo Hendriksen. *Efesios: Comentario del Nuevo Testamento*. (Grand Rapids, Michigan. EE.UU. Subcomisión Literatura Cristiana de la Iglesia Cristiana Reformada. Distribuido por T.E.L.L., 1984), 127.

[77]   William Barclay. *Comentario al Nuevo Testamento: Volumen 10: Gálatas y Efesios*. Trd. Alberto Araujo. (Terrassa (Barcelona), España. Editorial CLIE. 1998), 133.

cuentos antes de que se durmiera acorrucado bajo los brazos de su madre. El cuento de *Dumbo* le hacía transportase en las alturas sentado detrás de las orejas del elefante. El cuento de la *andrajosa y sufrida Cenicienta* con sus zapatos mágicos le hacía imaginar la alegría de la fiesta en el palacio. *Alicia* en el país de la maravillas le hacía imaginar que cruzaba el cristal mágico y se adentraba en el maravillo mundo de la *Alicia*.

La verdad era que, en su pobreza, en algunas ocasiones tenía que mendigar para conseguir algo de comer. Cuando Jamel tenía nueve años de edad se mudaron a un hotel de mala muerte. Era un lugar "por cuyos pasillos rondaban traficantes de drogas y prostitutas". Jamel aprendió a robar y a traficar drogas. Las joyas de oro y ropa de moda fueron parte de su nueva vida. Pero cuando la policía mató a su jefe, el maleante que le traía las drogas para que Jamel las vendiera, Jamel se encerró en su cuarto y recordó las últimas palabras de su padre: "*Usa la cabeza, hijo, usa la cabeza*".

A la edad de 15 años, Jamel, fue escogido por el profesor Edward Bottone,[78] el cual vio en Jamel un potencial para las ciencias. Lo tomó como su ayudante en el Laboratorio de Microbiología. ¡La vida le cambió para bien a Jamel! Allí, en el Laboratorio, comenzó a hacer experimentos y logró descubrir más de 90 variedades bacterianas. Pocos meses después, en la primera página del Periódico *Times* de Nueva York, se podía leer el siguiente anuncio: "*Científico adolescente se apunta una gran victoria*".[79]

---

[78] El Doctor Edward Bottone era el Director de consultoría en microbiología del prestigioso Centro Medico Monte Sinaí, de Nueva York.

[79] Collin Perry. *Camino a la redención*. (Hollywood, Florida. Selecciones del Reader's Digest. Volumen CX. No. 659. Octubre 1995), 94. La historia completa redactada

A Jamel, el Doctor Bottone y el Laboratorio de Microbiología, ¡le dieron una nueva perspectiva de vida! "A los 12 años ya era ladrón y traficante de drogas, y se había librado de morir a mano airada. Pero alguien le ayudó a enderezar su rumbo":[80] Un Doctor en ciencias y un Laboratorio le dieron una nueva perspectiva de vida.

Esto es lo que ha hecho Jesucristo. Al vivificarnos juntamente con El, nos ha dado una nueva perspectiva de vida: ¡Hay que aprovecharla! Jesucristo nos ha puesto en el Laboratorio de la Nueva Vida en Cristo Jesús, ¡Hay que vivir esta nueva vida con una perspectiva diferente! ¡Ya somos nuevas personas! Las cosas viejas pasaron he aquí todas son hechas nuevas",[81] dice la Biblia. ¡Vivamos esta nueva vida!

Repasemos para que podamos estar en el mismo canal. El estar Vivificados Juntamente con Cristo primeramente nos da Vida en Cristo Jesús, luego, el mismo Señor Jesucristo que nos da vida nos acerca al Padre Dios. Ahora en tercer lugar, siendo guiados, apoyados e iluminados por el Espíritu Santo, estamos en el Laboratorio de la Nueva Vida en Cristo Jesús; una Nueva Vida que nos da una nueva perspectiva de vida. Las palabras de Pablo son: "¡Por gracia ustedes han sido salvados!", entonces. También por la misma gracia de Dios somos iluminados para gozar de una nueva vida, de la cual les hablaré en el próximo mensaje más ampliamente. Lo que quiero que pensemos hoy es que, al tener nueva vida

---

por Collin Perry se encuentra en las páginas 89-94 de la Revista Selecciones del Reader's Digest ya citada.

[80]   Collin Perry. *Camino a la redención.* (Hollywood, Florida. Selecciones del Reader's Digest. Volumen CX. No. 659. Octubre 1995), 89

[81]   2 Corintios 5:17.

en Cristo, hemos dejado en el sepulcro la vieja vida; aquella manera de vivir, de pensar y de actuar que teníamos. Jamel dejó aquella vida de ladrón y traficante de drogas al encerrase en el Laboratorio de Microbiología. Pablo dice que "el que está en Cristo es una nueva criatura",[82] esto es estar de una manera espiritual "encerrado" en el Laboratorio de la Vida Nueva en Cristo. Esto es lo que Pablo está diciendo cuando dijo: "el que está en Cristo es una nueva criatura" y luego agrega, diciendo:

> "Así que hemos dejado de evaluar a otros desde el punto de vista humano. En un tiempo, pensábamos de Cristo solo desde un punto de vista humano. ¡Qué tan diferente lo conocemos ahora! Esto significa que todo el que pertenece a Cristo se ha convertido en una persona nueva. La vida antigua ha pasado; ¡una nueva vida ha comenzado!"[83]

¡Es un dramático cambio! Un cambio que tú y yo debemos de vivir: ¡Por eso nos dio vida! Es por este cambo dramático que tenemos la vida de Cristo Jesús en nuestros miembros. ¿A qué se debe este dramático cambio? "Pablo atribuye el dramático y sobresaliente cambio que ha tenido lugar, tanto en su vida como en las de los demás, a la misericordia, al amor, y a la gracia de Dios".[84] Es todo esto y mucho más que encontramos en el Laboratorio de la Nueva Vida en Cristo Jesús. ¡Hay que aprovecharla!

---

[82]   2 Corintios 5:17, Versión Barajas.

[83]   2 Corintios 5:16-17, (NTV en línea). https://www.biblegateway.com/passage/?search=2+Corintios+5&version=NTV

[84]   Guillermo Hendriksen. *Efesios: Comentario del Nuevo Testamento*. (Grand Rapids, Michigan. EE.UU. Subcomisión Literatura Cristiana de la Iglesia Cristiana Reformada. Distribuido por T.E.L.L., 1984), 128.

Isaías pasó por este dramático cambio. Pedro también fue transformado por este accionar del amor y la misericordia de Dios. El joven pródigo es un típico ejemplo de este dramático cambio; recibió abrazos y besos de su padre, los siervos del padre le pusieron un anillo en su dedo, lo calzaron con nuevos zapatos, le vistieron con ropas de gala, me imagino que se dio un buen baño con legía[85] para quitarse todo su mal olor, lo ungieron con perfumes de alta calidad, posiblemente lo bañaron con brut para contrarrestar el olor de los cerdos, le mataron el mejor becerro y le prepararon una gran fiesta con suficiente comida al estilo de las fiestas que nosotros los hispanos hacemos. Todos estos actos de gracia y de bondad por parte de su padre fueron los testimonios de un dramático cambio en la persona de aquel joven que había caído en la ruina total. La historia del hijo pródigo, contada por el Señor Jesús y registrada por el Evangelista Lucas (Lucas 15:11-23), presenta a un joven que, después de estar en la opulencia, por causa del orgullo juvenil, llegó a ser peor como uno de los homeless de nuestro tiempo. Sin embargo, después de darse cuenta de su error y volverá a la casa de su padre, este joven, en la casa de su padre, ¡obtuvo una nueva perspectiva de vida!

Entonces, pues, la nueva condición espiritual que tenemos en Cristo Jesús es para que tengamos una nueva

---

[85] Una de las definiciones de legía es; Nether (ac, nitiru; y un extranjerismo del egip. nÛry, que es el antepasado del término lat. natrum, nuestro "nitro", que en realidad significa salitre, nitrato de potasio o de sodio). Sin embargo, nether probablemente describe un álcali mineral conocido como natrón, que se encuentran en abundancia en Egipto. Está compuesto principalmente de bicarbonato de sodio y se usaba para lavar. (La Habra, California. Definición de legía. Internet. Consultado el 3 de noviembre de 2019), 1. https://www.wikicristiano.org/diccionario-biblico/significado/lejia/. El profeta Isaías hace referencia a ella para quitar el pecado o la maldad del ser humano, dice: "También volveré mi mano contra ti, te limpiaré de tu escoria como con lejía, y quitaré toda tu impureza". Isaías 1:25, (NBLH).

perspectiva de vida. Es una nueva vida en la que: "La gracia de Jesucristo enciende de nuevo los ideales que habían –sido- extinguidos –por – las caídas sucesivas del pecado... Por encima de otras cosas, Jesucristo aviva y restaura la voluntad perdida".[86] Recordemos, ¡Somos nuevas criaturas! Fuimos muertos y sepultados juntamente con Cristo pero ahora tenemos la vida de Jesucristo.

Conclusión.

Hermanos, hermanas en Cristo Jesús, Dios en Cristo nos ha dado vida eterna; nos ha perdonado todos nuestros pecados. Ante Dios, ya somos santos y santificados y en esta condición, es que podemos estar frente a frente con Dios. Aunque el pecado nos robó la inocencia y nos alejó de Dios, la Obra vivificadora de Cristo nos dio un dramático cambio; un cambio que nos hace aceptos en su misma presencia por el gran amor que nos tiene.

¿Entiendes lo que te estoy diciendo? Si la Obra vivificante de Cristo es una realidad en tu vida, ¡nadie puede impedirte que estés ante la presencia de Dios! ¡Nadie puede decirte que no estas capacitado o capacitada para servir en la obra de Dios! Y si te dicen que no puedes, recuerda que tú tienes la vida de Cristo y la vida de Cristo no es estática, ¡es una vida de servicio! La obra vivificadora juntamente con Cristo no es una vida de bancas o sillas, es una vida de estar en pie, bien armados y marchando para hacer lo mejor en el Reino de Jesucristo. ¡Adelante, que nadie te detenga!

---

[86] William Barclay. *Comentario al Nuevo Testamento: Volumen 10: Gálatas y Efesios.* Trd. Alberto Araujo. (Terrassa (Barcelona), España. Editorial CLIE. 1998), 134.

Así que, comencemos sirviendo a Dios mientras le cantamos en agradecimiento por lo que ha hecho en nuestros cuerpos; es decir, por darnos Vida Eterna y vida para estar con Dios y para amar y amar y amar y seguir amando mientras le servimos en su Reino.

¡Adoremos al Señor Jesucristo!

RESUCITADOS

Juntamente con Cristo

"Ya que han resucitado con Cristo, busquen las cosas de arriba, donde está Cristo sentado a la derecha de Dios".
Colosenses 3:1, (NVI).

Introducción.

Hemos llegado al quinto mensaje sobre "Juntamente con Cristo". Este mensaje basado en Colosenses 3:1, está titulado: *Resucitados juntamente con Cristo.*

En el año 1995, en la Compañía de trasporte aéreo Southwest Airlines, sucedía algo raro; algo contrario a todas las demás compañías y negocios. El presidente de la compañía de ese tiempo ofrecía "un trato excepcional a los usuarios de su servicio", sin embargo, aclaraba que "sus empleados eran primero", aunque esta decisión le hacía perder algunos clientes. La mayoría de nosotros sabe que el cliente es primero. Cuando le preguntaron a Herb Kelleher, el presidente de Southwest: "¿Acaso el cliente no siempre tiene la razón? 'No, no siempre', dijo Kelleher". Y agregó a la pregunta: 'Y creo que ese modo de pensar es una de las peores tradiciones que los jefes pueden cometer contra sus empleados. Los clientes se equivocan a menudo. Y nosotros no transportamos esa clase de clientes. Les escribimos diciéndoles: 'Vuele con otra compañía y no maltrate a nuestra gente'."[87]

Kelleher no negaba su servicio aéreo a la gente pero deseaba lo mejor para sus empleados; los protegía de los abusos y maltratos de algunos desequilibrados y abusadores. Bueno, ¿y qué tiene que ver la administración de Herb Kelleher con Colosenses 3:1? Pablo en esta cita nos habla de resucitados no de clientes de una aerolínea. Sin embargo, tenemos que preguntarnos: ¿Resucitados para qué?

I.- Fuimos resucitados juntamente con Cristo para vivir la vida de Cristo Jesús.

Después de que el apóstol Pablo dice que somos resucitados juntamente con Cristo, agrega la siguiente recomendación: *"Busquen las cosas de arriba"*. ¿Qué significa esto? No significa una resurrección del cuerpo, esto sucederá en aquel día en que los escritores del Nuevo Testamento enfatizan la resurrección corporal de Cristo y la futura resurrección de nuestros cuerpos. Pablo en I Corintios 15, por cierto un largo capítulo con cincuenta y ocho versículos, se enfoca en la resurrección del cuerpo humano. En esta cita bíblica de I Corintios 15, Pablo, "... está hablando... de una resurrección a una vida eterna como seres espirituales, no simplemente de una restauración temporal a la vida en un cuerpo físico".[88]

---

[87] Tom Peters. *Instantáneas personales: "Nuestra gente"* en Selecciones del Reader's Digest. La revista más leída del mundo. (Coral Gables, Florida. Reader's Digest Latinoamérica, S. A. Volumen CX. No. 659. 1995), 39

[88] El Teologuillo. ESCATOLOGÍA/JESÚS. *La resurrección de los muertos: ¿Qué enseña la Biblia al respecto?* (La Habra, California. Internet. Consultado el 8 de noviembre de 2019), 2. https://elteologillo.com/2013/02/28/la-resureccion-de-los-muertos-que-ensena-la-biblia-al-respecto/

Sin embargo, en el texto de Colosenses 3:1, Pablo, habla de que fuimos resucitados espiritualmente para desarrollar un ministerio terrenal de suma importancia y de gran testimonio a los que no creen en Jesús como el Señor que transforma vidas; es decir, Pablo, está hablando o haciendo referencia a vivir como verdaderos cristianos.

Cuando el diacono Esteban fue apedreado en la ciudad de Jerusalén, inmediatamente se soltó una persecución contra los seguidores de Jesucristo por parte de los fariseos. "Ahora bien, los que habían sido esparcidos a causa de la persecución que hubo con motivo de Esteban, pasaron hasta Fenicia, Chipre y Antioquía,..."[89] El evangelio se expandió, la iglesia en Antioquía de Siria creció numéricamente y después, Bernabé y Pablo fueron miembros activos de esta iglesia. Su ministerio y su testimonio fue notorio a todos los habitantes de Antioquía a tal grado que la Biblia dice que Bernabé y Saulo: "... se congregaron allí todo un año con la iglesia, y enseñaron a mucha gente; y a los discípulos se les llamó *cristianos por primera vez* en Antioquía".[90] ¡La gente no cristiana vio el testimonio de los seguidores de Jesucristo y los identificaron con Él! Los llamaron: "Seguidores de Cristo o aquellos que pertenecen a Cristo".[91]

Ahora bien, esta declaración o testimonio de los habitantes de Antioquía de Siria es muy importante; hace resaltar que los cristianos estaban viviendo la vida de Cristo. Estaban mostrando que fueron resucitados juntamente con Cristo para

---

[89] Hechos 11:19a, (RV1960).

[90] Hechos 11:26, (RV 1960). Las negritas y la forma italiana son mías.

[91] Nota de pie de página en la Biblia de Estudio Esquematizada. Reina Valera 1960. (Impresa en Brasil. Sociedades Bíblicas Unidas. 2010), 1634.

vivir la vida de Cristo Jesús. ¡Estaban mostrando que sobre todas las cosas, buscaban *las cosas de arriba*! Es decir, estaban buscando como agradar a Dios viviendo la vida juntamente con Cristo Jesús. Esta no fue una tarea fácil, pues debemos hacer notar que: "La reputación.... moral de la ciudad era realzada por el culto a Artemisa y – al dios – Apolo".[92] Y muy cerca de la ciudad de Antioquía en un lugar llamado Dafne donde también se adoba a Apolo, es decir, "a cinco millas de distancia, donde la antigua Siria adoraba a Astarte y a su consorte, con su ritual de prostitución que se llevaba a cabo bajo nomenclatura griega",[93] era una fuerte tentación y al mismo tiempo una distracción para los seguidores de Jesucristo para no vivir la vida de Cristo; era una cultura en la que los cristianos podrían dejar de *buscar las cosas de arriba* y dedicarse a lo que hacía la cultura greco-romana de su tiempo.

Sin embargo, el hecho de que sean apodados como "Cristianos", indica que los seguidores de Jesucristo estaban viviendo la vida que Dios les había concedido en Cristo. Ante los habitantes de Antioquía de Siria, los cristianos mostraron que fueron resucitados juntamente con Cristo para vivir la vida de Cristo Jesús. Tú y yo fuimos resucitados juntamente con Cristo para mostrar en nuestra cultura que estamos viviendo la vida que Dios nos ha concedido en Cristo Jesús.

Tú testimonio, mi testimonio, nuestro testimonio tiene que manifestar la vida que Dios nos ha dado en el Señor

---

[92] F. F. Bruce. *Colección Teológica Contemporánea: Libro de los Hechos.* (Viladecavalls (Barcelona), España. Editorial CLIE. 2016), 232.

[93] F. F. Bruce. *Colección Teológica Contemporánea: Libro de los Hechos.* (Viladecavalls (Barcelona), España. Editorial CLIE. 2016), 232.

Jesucristo. ¡Somos resucitados juntamente con Cristo para vivir la vida de Cristo! En este estilo de vida, ¡no maltratamos a la gente!

II.- Fuimos resucitados juntamente con Cristo para servir.

He comentado más de una vez que en la Iglesia Cristiana en lugar de tener cristianos en ocasiones lo que tenemos son *"cristinos"*. Esta modalidad es al estilo del pensamiento de Mahatma Gandhi, cuando comentó sobre el Cristianismo, él dijo: "Me gusta tu Cristo... No me gustan tus cristianos. Tus cristianos son tan diferentes a tu Cristo".[94] ¿Estaría Gandhi pensando en el tipo de servicio que los cristianos hacemos? Si fuimos resucitados por Dios juntamente con Cristo para servir, entonces, ¿qué clase de servicio estamos dando o haciendo? ¿Mi labor en el Reino de Cristo es compatible con la vida de servicio que Dios me ha dado en Cristo Jesús?

"Una mujer cristiana fue a un psicólogo cristiano y le preguntó: '¿A qué se debe que tengo tantos temores?'

Él le hizo varias preguntas. 'Cuando usted entra en una estancia, ¿siente que todo el mundo la está mirando?' 'Sí', contestó ella. '¿Tiene a menudo la sensación que se le ve la combinación?' 'Sí'. Cuando supo que sabía tocar el piano le preguntó: '¿Le cuesta presentarse voluntariamente a tocar el piano en la iglesia por temor de que alguna otra

---

[94]   Menéame. (La Habra, California. Internet. Consultado el 8 de noviembre de 2019), 1 https://www.meneame.net/story/gusta-tu-cristo-no-gustan-tus-cristianos-mahatma-gandhi

persona lo pueda hacer mucho mejor?' '¿Cómo lo sabe?' Preguntó ella. '¿Vacila acerca de agasajar a otros en su casa?' De nuevo contestó 'Sí'. Entonces el psicólogo pasó a decirle amablemente que era una joven sumamente egoísta. 'Usted es una tortuga', le dijo. Se esconde en su caparazón y saca la cabeza para mirar solo donde sea necesario. Si alguien se acerca demasiado, usted vuelve a poner su cabeza dentro de su caparazón en busca de protección. Esto es egoísmo. Échelo de sí, y empiece a pensar más en los demás y menos en sí misma'."[95]

¡Una tortuga! ¡Waw! ¡Nunca había pensado en esto! Notemos la recomendación del psicólogo: *"Échelo de sí, y empiece a pensar más en los demás y menos en sí misma'."* ¿Por qué no pensamos más en los otros y menos en nosotros? Algunas de las razones que damos para no pensar o hacer más por los demás es por temor al no puedo, o por nervios, o por no saber hablar correctamente, o por estar en pecado o, tal vez, porque alguien nos lo impidió y entonces nos encerramos en nuestro caparazón y no hacemos nada.

Recuerda, Dios nos ha resucitado juntamente con Cristo para ser sus servidores. Y si Dios hizo este gran milagro en nosotros, ¿por qué no hacemos nosotros el milagro a otros sirviéndoles? En algunas ocasiones limitamos el poder y la voluntad de Dios porque pensamos que no estamos espiritualmente listos para servir a Dios en su reino.

Recibí en mi correo electrónico un mensaje que dice así:

---

[95]   Tim LaHaye. Manual del Temperamento: Descubra su potencial. (Miami, Florida. Editorial Unilit. Impreso en Colombia. 1987), 143.

"Jacob era tramposo, Pedro tenía temperamento fuerte, David fue adúltero, Noé se embriagó, Jonás huyó de Dios, Pablo era asesino, Miriam era una chismosa, María se angustiaba, Tomás dudaba, Sara era impaciente, Moisés tartamudeaba, Zaqueo era pequeño, Abraham era viejo y Lázaro estaba muerto.

Ahora, ¿Cuál es tu excusa? ¿Dios te puede usar o no?

Este correo electrónico termina con esta declaración: *"Dios no llama a los calificados, El califica a los llamados"*.[96] ¡Y nunca maltrata a la gente! ¡Y menos a sus servidores!

El profeta Isaías les dijo a los que no se consideraban dignos de participar en las actividades de los hijos de Dios estas palabras:

"Así dice el Señor: 'Observen el derecho y practiquen la justicia, porque mi salvación está por llegar; mi justicia va a manifestarse. Dichoso el que así actúa, y se mantiene firme en sus convicciones;... y se cuida de hacer lo malo'.

El extranjero que por su propia voluntad se ha unido al Señor no debe decir: 'El Señor me excluirá de su pueblo'. Tampoco debe decir el eunuco: 'No soy más que un árbol seco'. Porque así dice el Señor: 'A los eunucos... les concederé ver grabado su nombre dentro de mi templo y de mi ciudad;... También les daré un nombre eterno que jamás será borrado. Y a los extranjeros que se han unido al Señor para servirle, para amar el

---

[96] Miguel Zúñiga. (Correo electrónico enviado a mi correo electrónico el 1 de noviembre de 2019), https://www.facebook.com/miguel.zuniga.3386585

nombre del Señor y adorarlo,... los llevaré a mi monte santo; ¡los llenaré de alegría en mi casa de oración!"[97]

¿Te das cuenta? ¡Dios a nadie excluye! Desde el momento en que Dios te resucitó juntamente con Cristo, desde ese mismo momento, el Señor te ha equipado para hacerte útil en Su "Casa de oración". En el mismo instante en que el Soberano y misericordioso Dios te dio vida juntamente con Cristo, desde allí, "también te dio un nombre eterno que jamás será borrado". ¡El Señor te ha dado vida para que le sirvas!

Después de una experiencia sanadora y liberadora en un campamento de verano para jóvenes de preparatoria, el conferencista Bruce Van Natta, se dio cuenta que Dios no hace diferencia entre las personas sino que, su experiencia "comprueba que Dios puede usar a personas imperfectas para cumplir su voluntad, a pesar de nuestros errores e insuficiencias. .... si estamos conectados con el Señor y somos obedientes a Él, Él nos dará todas las herramientas necesarias para obtener victoria en la vida... Dios desea utilizarnos para ser sus manos y sus pies".[98]

Recuerda, Dios nos ha llamado para servir no para ser servidos ni para elevarnos los cuellos con los títulos adquiridos dentro y fuera de la iglesia. Cristiano, cristiana, hombres, mujeres, y jóvenes, ustedes y yo que hemos sido

---

[97] Isaías 56:1-7, (NVI).

[98] Bruce Van Natta. *Una vida milagrosa: Historias verídicas de encuentros sobrenaturales con Dios.* (Lake Mary, Florida. Publicado por Casa Creación. 2013), 9-10.

resucitados por Dios juntamente con Cristo Jesús, a ustedes les hablo: ¡Nunca se olviden que fueron llamados para servir! ¡Nunca se olviden que fueron resucitados juntamente con Cristo para servir! "Si nos ponemos a la disposición de Dios y nos mantenemos al compás de su voluntad, El no solamente guiará y bendecirá nuestra vida, sino que también nos utilizará para que seamos sus manos y sus pies en la tierra".[99] Y ten por seguro que Dios, ¡nunca nos maltratará! Y, si haces lo que Dios te ha puesto por hacer, ¡nunca maltratarás a la gente! Fuimos resucitados para servir.

III.- Fuimos resucitados juntamente con Cristo para amar.

En el texto que estudiamos en el mensaje anterior, notamos que Pablo habla del gran amor de Dios que es rico en misericordia y gracia, pues bien, hoy debemos hacer notar que: "El amor es básico – en la vida del cristiano-, es decir, es el más amplio de los tres términos-: La fe, la esperanza y el amor, siendo el amor el mayor -[100]. Pablo dice, 'Dios, siendo rico en misericordia, por causa de su grande amor con que nos amó... nos vivificó'."[101] Y es precisamente ese gran amor de Jesucristo que también nos resucitó para que por su gran amor amemos también a nuestros semejantes.

---

[99]   Bruce Van Natta. *Una vida milagrosa: Historias verídicas de encuentros sobrenaturales con Dios.* (Lake Mary, Florida. Publicado por Casa Creación. 2013), 3.

[100]   I Corintios 13:13

[101]   Guillermo Hendriksen. *Efesios: Comentario del Nuevo Testamento.* (Grand Rapids, Michigan. EE.UU. Subcomisión Literatura Cristiana de la Iglesia Cristiana Reformada. Distribuido por T.E.L.L., 1984), 128.

Llegó la navidad cuando yo estaba estudiando mi segundo año en el Seminario Bíblico de la ciudad de Puebla, Puebla, México. Sin familiares y sin estudiantes, pues todos se habían ido para estar con sus familias en los días navideños o para estar con su iglesia, me quedé solo en el dormitorio del Seminario. En ese tiempo de vacaciones, todo se cerraba con llave: la cocina, el comedor, los salones de clase, la capilla y las oficinas. Como yo no tenía a donde ir, me dieron permiso de quedarme en el dormitorio con la condición de que cuidara y aseara el jardín, las banquetas, el dormitorio y la cancha de basquetbol. La familia de mi novia vivía enfrente del Seminario. La noche de la navidad mi novia me invitó a cenar con ellos. Después de la cena, nos sentamos alrededor del árbol de navidad y se repartieron los regalos. Todos recibimos regalos; a mí me dieron dos. Mi rostro se enrojeció de vergüenza porque todos dieron regalos menos yo.

Aquella misma noche prometí que en la próxima navidad le daría un regalo a mi novia. Comencé a juntar dinero con ese fin. Cinco centavos, diez centavos, lo más que pude echarle al "cochinito" fueron veinte centavos. Para el mes de noviembre, el "cochinito' estaba casi lleno de monedas de cinco centavos. Le abrí su pancita, le saqué las monedas y me fui al mercado a comprar una blusa de colores. Con mi regalo listo, solo esperé a que me invitaran a cenar en la Noche de Navidad. ¡Y lo hicieron! ¡Por primera vez di un regalo en navidad! Esa misma noche, mi novia se puso la blusa, se veía muy hermosa. Pero, ¿saben qué? ¡Nunca más se la puso! Un año de estar ahorrando para que solo un rato por la noche la usara, nunca entendí el por qué solo una vez ni ella misma lo entendió. Aprecio tanto mi regalo que lo guardó muy bien hasta no saber en dónde lo había guardado.

¡Ah, el amor! "Eso es de hecho lo que hace siempre el amor. El resultado de un gran amor es siempre purificador. Cuando uno se enamora de veras, el amor lo impulsa a la bondad",[102] sin importar el sacrificio que se haga ni la respuesta de la persona a quien se le muestre el amor. Dios mostró su gran amor a cada uno de nosotros sin importarle el sacrificio de su propio Hijo. Éramos enemigos de Dios y sin embargo su amor rompió esa barrera de enemistad. Nosotros merecíamos la muerte por ser pecadores; hombres y mujeres que de una o de otra manera quebrantamos su ley y despreciamos su amor, sin embargo, el amor que causó que Dios nos resucitara juntamente con Cristo "es tan fuerte que quebranta su antiguo amor al pecador",[103] a tal grado que, en lugar de dejarnos muertos en nuestros pecados, nos ha dado la vida en Cristo Jesús. ¡Nos ha resucitado juntamente con Cristo para amar a la gente, no para maltratarla!

¿Con qué propósito nos ha mostrado su gran amor? Creo que lo ha hecho para que con el amor de Dios nosotros también amemos a los demás mientras cumplimos con el propósito para el cual Dios nos ha creado en Cristo Jesús, es decir que fuimos "creados para buenas obras, las cuales Dios preparó de antemano para que anduviésemos en ellas", amado y amando y amando a todos los seres humanos sin importar su raza, su cultura y su rechazo. ¡Dios nos ha resucitado juntamente con Cristo para amar sin condiciones!

---

[102] William Barclay. *Comentario al Nuevo Testamento: Volumen 10: Gálatas y Efesios.* Trd. Alberto Araujo. (Terrassa (Barcelona), España. Editorial CLIE. 1998), 134.

[103] William Barclay. *Comentario al Nuevo Testamento: Volumen 10: Gálatas y Efesios.* Trd. Alberto Araujo. (Terrassa (Barcelona), España. Editorial CLIE. 1998), 134.

Conclusión.

Fuimos resucitados juntamente con Cristo para vivir la vida de Cristo. Fuimos resucitados juntamente con Cristo para servir a la humanidad. Y, Dios nos ha resucitados juntamente con Cristo para amar sin condiciones ni límites ni razas. Recordemos la Declaración de Herb Kelleher: "No maltrate a nuestra gente".

Como cristianos y cristianas, tenemos un triple ministerio que es sumamente hermoso aunque no está lejos de contratiempos y en algunas ocasiones de dolores emocionales a causa de las situaciones de engaño, de rechazo, de envidia, de celos y hasta de odios.

Sin embargo, si Dios nos resucitó juntamente con Cristo y, si Cristo ha sido y sigue siendo El Vencedor sobre toda adversidad, entonces, nosotros, a quien Dios ha resucitado juntamente con Cristo, ¡también somos y seremos capacitados por Dios para cumplir con la triple tarea: Vivir la vida de Cristo, Servir a la humanidad por causa del que nos resucitó juntamente con Cristo y, amar sin condiciones!

¡Y que la gloria sea para Dios!

SUFRIENTES

Juntamente con Cristo

"El Espíritu mismo le asegura a nuestro espíritu que somos hijos de Dios. Y, si somos hijos, somos herederos; herederos de Dios y coherederos con Cristo, pues, si ahora sufrimos con él, también tendremos parte con él en su gloria.
Romanos 8:16-17, (RV60).

Introducción.

Ahora llegamos al sexto mensaje sobre la serie: *"Juntamente con Cristo"*. El apóstol Pablo nos ha llevado por un camino en el que hemos sido crucificados, muertos, sepultados, vivificados y resucitados *"juntamente con Cristo"*. En este sexto mensaje, Pablo, nos dice que también somos o debemos ser *"sufrientes juntamente con Cristo"*.

Este tema no es nada agradable. Pocos mensajes se predican desde el pulpito sobre este tema y las teologías sistemáticas lo evaden. Pastor, me está diciendo que debo: ¿¡Sufrir por Cristo!? ¿Me está diciendo que debo de ¡pasar por problemas juntamente con Cristo!? ¡Sí! y ¡Sí! Pablo está diciendo en estos textos que existe una herencia para los cristianos, es una herencia de la que haré mención en el próximo mensaje, porque, antes de recibir esa herencia, primero tenemos que sufrir juntamente con Cristo.

Entonces, ¿qué podemos aprender como cristianos de estas palabras del apóstol Pablo? Pensemos primero en una cosa agradable: La herencia.

I.- Herencia presente y escatológica.

Aunque salgo sobrando la definición de lo que es una herencia, de cualquier manera, es conveniente que la recordemos. El término herencia viene: "Del latín *haerentia*, la herencia es el conjunto de los bienes, derechos y obligaciones que, cuando una persona muere, transmite a sus herederos o legatarios".[104] También la herencia se puede heredar en vida, como fue el caso de la parábola del hijo prodigo. Una herencia es pues el derecho de recibir algo o todo de una persona, en especial del padre, aunque puede ser de la madre, de algún otro familiar o de un amigo o amiga. "Por ejemplo: 'Mi padre me dejó una casa en la playa como herencia', 'Juan Martín se gastó toda la herencia en fiestas y viajes', 'Me duele saber que no podré dejar una herencia importante a mis hijos.'"[105]

Así que, podemos tener una herencia para el presente y otra para el futuro. La herencia presente que tenemos en el Señor es la de ser hijos de Dios y gozar de las bendiciones como hijos herederos de las promesas de Dios. El apóstol Pablo dice el Espíritu Santo nos asegura "que somos hijos de Dios. Y, si somos hijos, somos herederos; herederos de Dios y coherederos con Cristo,...". Así que, por el hecho de ser cristianos, tenemos, primeramente la bendición de ser hijos

---

[104] *Definición de herencia.* (La Habra, California. Internet. Consultado el 17 de noviembre de 2019), https://definicion.de/herencia/

[105] *Definición de herencia.* (La Habra, California. Internet. Consultado el 17 de noviembre de 2019), https://definicion.de/herencia/

de Dios. Segundo que como hijos, tenemos una herencia presente: ¡Disfrutar de las maravillas y las bendiciones de Dios!

La herencia para el futuro o escatológica. Una herencia que por lo pronto la llamaré más enfáticamente escatológica, esto es que, la herencia de la cual habla el apóstol Pablo también es un regalo por la gracia de Dios que dará a todos los cristianos en un día futuro. Es decir que, la herencia escatológica es aquella obra glorificadora que Dios en Cristo o por medio de la gracia de Jesucristo hará en nuestras vidas.

La palabra escatológica es una palabra compuesta de dos palabras griegas: *Scatos*, que significa lo futuro; lo que viene por delante; las cosas que sucederán en un futuro cercano. Y la segunda palabra griega es *logia*, que significa estudio o tratado. Entonces, escatología significa el estudio de las cosas futuras. Y como son "*cosas futuras*", entonces las discutiremos en el futuro; en el *scatos* cercano. Comenzaremos a disfrutar este tipo de herencia en el próximo mensaje.

Por lo pronto, lo que debemos de saber y entender es que: "Un día tomaremos plena posesión de nuestra herencia, siguiendo al Hijo que nos ha precedido. Participaremos de su glorioso estado. Mientras tanto,... hemos de seguirle por el mismo camino que él transitó rumbo a la gloria: el camino del sufrimiento".[106] ¡Esta es nuestra herencia presente! ¿Les agrada? Creo que no. Pero es el camino que Dios nos ha marchado para que caminemos por él, recodemos que el mismo apóstol Pablo ha dicho: "Porque somos hechura de

---

[106] Douglas J. Moo. Comentarios con aplicación: Romanos: del texto bíblico a una aplicación contemporánea. (Miami, Florida. Editorial Vida. 2011), 254-255

Dios, creados en Cristo Jesús para buenas obras, las cuales Dios dispuso de antemano a fin de que las pongamos en práctica".[107] Y parte de esta práctica y obra es: "Padecer juntamente con Cristo"

II.- El camino de sufrientes juntamente con Cristo es para todos los cristianos.

Cuando hablamos de la herencia, y en especial de la herencia escatológica es algo sumamente agradable: ¡Es disfrutar de Dios! ¡Es estar en un estado muy diferente al que hoy vivimos! ¡Es algo agradable! Sin embargo, debemos de poner los pies en la tierra y pensemos en lo que no es agradable en la vida cristiana; Es decir, enfoquemos en la herencia presente: El sufrir o padecer juntamente con Cristo.

Todos los que hemos sido vivificados juntamente con Cristo, hemos sido adoptados por Dios para ser sus hijos. En los versículos de Romanos 8:14-17, Pablo ha estado utilizando una palabra griega que abarca a todos los cristianos; una palabra que incluye a todos los que hemos sido vivificados juntamente con Cristo. La palabra griega es "*tekna*", que significa *hijo*. También existe la palabra griega "*huios*" que también significa *hijo*. El término "*huios*" es una expresión masculina no femenina. Ahora bien, en este pasaje de Romanos 8:14-17, Pablo, no está excluyendo a las mujeres de sufrir juntamente con Cristo. Lo siento, hermanas, ¡ustedes también deben sufrir juntamente con Cristo! ¡No tienen escapatoria!

---

[107] Efesios 2:10, (NVI).

Para afirmar esta verdad, Pablo, usa el término "*tekna*", este término significa hijos e hijas o hace referencia a varones y mujeres juntamente. El Nuevo Testamento dice: "*hijos de Dios*" (tekna qeoû).[108] En la cultura del apóstol Pablo solamente a los hijos varones se les adoptaba, las mujeres eran producto de compra. De allí la tradición en algunos pueblos de América Latina sobre la "*Dote*", aquello que el novio le daba al padre de la novia antes de casarse; es decir, una especie de compra. "(En inglés existen dos palabras distintas para traducir hijo: '*Child*' [hijo/a] y '*son*' [hijo varón]".[109] En español somos más discriminativos o más específicos. Decimos: "Mi hija, mi hijo".

Ya sea que seamos "*tekna*" o "*huios*", como cristianos, no nos escapamos de sufrir juntamente con Cristo. Cuando el juez romano le pidió a Policarpo, quien era el Obispo de Esmirna, que jurara por el emperador y maldijera a Cristo para quedar libre: "Policarpo respondió: -*Llevo ochenta y seis años sirviéndole, y ningún mal me ha hecho. ¿Cómo he de maldecir a mi rey, que me salvó?*"[110]

Ignacio de Antioquía, mientras caminaba hacia las fauces de los leones, dijo: "*Para que no solo me llame cristiano sino que también me comporte como tal. Mi amor está crucificado... Porque cuando yo sufra, seré libre en Jesucristo, y con el resucitaré en libertad. ... Soy trigo de*

---

[108] Kurd Aland, Matthew Black, Carlo M. Martini, Bruce M. Metzger, and Allen Wikgren. *The Greek New Testament*. Printed in Germany. Deutsche Bibelgesellschaft.1994), 539.

[109] Douglas J. Moo. *Comentarios con aplicación: Romanos: del texto bíblico a una aplicación contemporánea*. (Miami, Florida. Editorial Vida. 2011), 256

[110] Justo L. Gonzáles. *Historia del Cristianismo Tomo I: Desde la era de los mártires hasta la era de los sueños frustrados*. (Miami, Florida. Editorial Unilid. 1994), 62

Dios, y los dientes de las fieras han de molerme, para que pueda ser ofrecido como limpio pan de Cristo".[111]

La viuda Felicidad y sus siete hijos fueron llevados antes las autoridades por ser cristianos. "Cuando el prefecto de la ciudad trató de convencerla, primero con promesas, y luego con amenazas, Felicidad le contestó que estaba perdiendo el tiempo, pues *'viva te venceré; y si me matas, en mi propia muerte te venceré todavía mejor'*. El prefecto entonces trató de convencer a sus hijos. .... Ninguno de los siete negó a Jesucristo ante las autoridades. "Ante tal respuesta, el prefecto ordenó que fueran llevados al lugar del suplicio, donde primero se les azotó y después fueron decapitados".[112]

Nunca, en todos los tiempos del cristianismo, ¡padecer físicamente con Cristo nunca ha sido agradable! Y menos cuando pensamos y hemos sido testigos de que el camino de "sufrientes juntamente con Cristo es para todos los cristianos; esto es para los niños, para las señoritas, para los jóvenes y para los adultos. ¡Todos los que somos cristianos estamos en el camino del sufrimiento juntamente con Cristo!

Pero no se pongan tristes, Cristo ha vencido toda adversidad y en él, además de que está la victoria, también está el gozo que promete Dios en su Palabra. ¡Es un gozo sufrir por Cristo! Un domingo por la noche, en mi pueblo michoacano,

---

[111]   Justo L. Gonzáles. *Historia del Cristianismo Tomo I: Desde la era de los mártires hasta la era de los sueños frustrados.* (Miami, Florida. Editorial Unilid. 1994), 59.

[112]   Justo L. Gonzáles. Historia del Cristianismo Tomo I: Desde la era de los mártires hasta la era de los sueños frustrados. (Miami, Florida. Editorial Unilid. 1994), 64. John Fox. *El libro de los Mártires: Una historia de las vidas, sufrimientos y muertes triunfantes de los cristianos primitivos y de los mártires protestantes.* (Terrassa (Barcelona), España. Editorial Clie.2003), 31.

de nombre Lombardía Michoacán, México, mientras el pueblo de Dios se gozaba cantándole a Jesucristo, una turba de hombres con palos, machetes y antorchas, dirigidos por el sacerdote católico, entraron al pequeño edificio en donde se reunía la iglesia, machetearon, golpearon, y arrastraron a los cristianos y después quemaron el edificio. Los heridos no de gravedad, al día siguiente (lunes) por la tarde parados sobre las cenizas de lo que había sido su iglesia cantaron, oraron y escucharon la predicación de uno de los hermanos pues el pastor estaba en el hospital. La iglesia creció, se multiplicó y se gozó sabiendo que sufrieron juntamente con Cristo.[113]

III.- Padecer juntamente con Cristo no implica estar sin temor.

Creo que todos los presentes han escuchado más de una vez la declaración de Martín Luther King Jr. que dice: *"Yo tengo un sueño"*. Parte del discurso del Doctor King, dice:

"Les digo a ustedes hoy, mis amigos, que pese a todas las dificultades y frustraciones del momento, yo todavía tengo un sueño. Es un sueño arraigado profundamente en el sueño americano.

Yo tengo un sueño de que un día esta nación se elevará y vivirá el verdadero significado de su

---

[113] Una noche en que los cristianos de Lombardía, Michoacán, México, entre ellos mi padre, el Señor Alejandro Barajas, adoraban al Señor Jesucristo, una turba de hombres, dirigidos por el sacerdote católico del pueblo, con palos, piedras y antorchas, golpearon, apedrearon a los cristianos; niños, niña, jóvenes, mujeres, y varones fueron dejados sangrando y algunos desmayados por los golpes con los palos y, luego quemaron el edificio.

credo: 'Creemos que estas verdades son evidentes: que todos los hombres son creados iguales'.

Yo tengo el sueño de que un día en las coloradas colinas de Georgia los hijos de los ex esclavos y los hijos de los ex propietarios de esclavos serán capaces de sentarse juntos en la mesa de la hermandad.

Yo tengo el sueño de que un día incluso el estado de Mississippi, un estado desierto, sofocado por el calor de la injusticia y la opresión, será transformado en un oasis de libertad y justicia.

Yo tengo el sueño de que mis cuatro hijos pequeños vivirán un día en una nación donde no serán juzgados por el color de su piel sino por el contenido de su carácter. ¡Yo tengo un sueño hoy!"[114]

Al doctor M. L. King, lo asesinaron el 4 de abril de 1968 en Memphis, Tennessee. Padecer juntamente con Cristo no implica estar sin temor y sin el riesgo de ser asesinado. Una de las primeras reglas de liderazgo del que fue presidente de África, Nelson Mandela, fue: "La valentía no es la ausencia del temor, es inspirar a otros a superarlo".[115] Estar padeciendo juntamente con Cristo no es ausencia de temor, es decirles a los demás cristianos y no cristianos que en Cristo Jesús las victorias contra las adversidades son reales.

---

[114] El Mundo. *Martin Luther King. El poder de un sueño.* (La Habra, California. Internet. Consultado el 14 de noviembre de 2019), ¿?. https://www.elmundo.es/especiales/2013/internacional/martin-luther-king/texto-integro.html

[115] Pam Farrel. *¡Atrévete, sé valiente!: Haz tuya la aventura de Dios para tu vida.* Trd, Norma Armengol. (El Paso, Texas. Editorial Mundo Hispano. 2013), 96.

Les he contado más de una vez acerca del temor que tenía cuando el doctor John F. Hall, quien era el director de la *Escuela Bíblica* en la ciudad de Córdoba, Veracruz, México, recibió una carta de uno de los líderes políticos de un pueblo chinanteco en la sierra de Oaxaca, México. Se las vuelvo a contar.

La carta decía que el doctor Hall no se presentara en su pueblo. El Agente del pueblo le ordenó categóricamente al doctor Hall que si llegaba otra vez a su pueblo, tanto él como uno de sus ayudantes, no respondían por su vida. En cuanto la leyó, me la dio a mí para que la leyera al tiempo que me dijo: *"Prepara la camioneta, vamos a visitarlos"*. Traté de persuadirlo de no ir pero fueron inútil mis razones. Ya se imaginan como me sentía mientras manejaba la camioneta Ford hacia el pueblo oaxaqueño.

Al cruzar el río en la balsa para entrar al pueblo, mi pensamiento era: "¡Y si voltean la balsa y tratan de ahogarnos!" Ese pueblo chinanteco es un lugar muy caliente pero, yo sudaba de más. Mis nervios y mi temor a la muerte me hacían hasta perder el paso. En pocos minutos de caminar llegamos al hogar de uno de los cristianos. El doctor Hall atendió a los enfermos, yo prediqué un mensaje de aliento a los hermanos aun con todo el temor que sentía, siempre esperando que llegaran los hombres con sus machetes y palos para lincharnos. ¿Pero saben qué? ¡Nada malo nos pasó! Al contrario, un rico caldo de gallo tierno fortaleció nuestros cuerpos y al otro día, después de un rico desayuno, regresamos sin ninguna novedad negativa. No siempre es así, ya les he mencionado algunos ejemplos de que en ocasiones si sufrimos físicamente juntamente con Cristo.

Hermano, hermana en Cristo Jesús, cuando tengas que sufrir juntamente con Cristo, ¡no te desanimes! Si el temor viene a tu vida, ¡no te desanimes! En esos momentos de crisis: "Dios enviará lo que necesites y a quien necesites para mantenerte en la aventura que él tiene planeada para ti".[116] Recuerda que: *"La valentía no es la ausencia del temor, es inspirar a otros a superarlo".*[117] Es decirles a otros que padecer juntamente con Cristo es perder todos los derechos que como seres humanos reclamamos.

Pastor, ¿¡todos los derechos!? ¡Sí, todos los derechos! El que ahora es hijo o hija de Dios; quien es *"tekna"* de Dios y que está sufriendo juntamente con Cristo, ¡está sin derechos! ¡Waw! Pastor, ¡ahora sí que nos arruinó! Pensándolo bien, creo que debo de renunciar al cristianismo. Bueno, no lo hagas ahora, espera a escuchar el otro mensaje. En lo que sí hay que pensar es que en esta nueva etapa de vida, después de que Dios nos ha vivificado en Cristo Jesús, estamos en una nueva esfera; ¡estamos en el Reino de Jesucristo! Es aquí en donde podemos decir por fe: "El Señor es mi Pastor y nada me faltará".[118]

En nuestro tiempo hacemos mucho énfasis en nuestros derechos como personas y está bien, somos libres en Cristo Jesús y como tales merecemos que se respeten nuestros derechos pero, cuando Dios nos adoptó por medio de Cristo Jesús, las cosas cambiaron; las legalidades cambiaron. En

---

[116] Pam Farrel. *¡Atrévete, sé valiente!: Haz tuya la aventura de Dios para tu vida.* Trd, Norma Armengol. (El Paso, Texas. Editorial Mundo Hispano. 2013), 241.

[117] Pam Farrel. *¡Atrévete, sé valiente!: Haz tuya la aventura de Dios para tu vida.* Trd, Norma Armengol. (El Paso, Texas. Editorial Mundo Hispano. 2013), 96.

[118] Salmo 23:1, (Trasliterado).

los tiempos del apóstol Pablo: "La persona adoptada perdía todos los derechos que le hubieran correspondido en su vieja familia y adquiría todos los de un hijo legítimo de la nueva familia".[119] Los cristianos somos miembros de la Familia de Dios, por eso el Nuevo Testamento nos llama: *"Hijos de Dios"*. ¡Todos nuestros derechos están en la Familia de Dios! Parte de estos derechos es la herencia en Cristo Jesús y esa herencia contiene también el sufrimiento. Es decir, "padecer juntamente con Cristo".

Así que cuando Pablo dice que: ".... Si es que padecemos juntamente con el" recibiremos la herencia que nos corresponde, hace referencia a los sufrimientos, a los odios, a los desprecios, a las burlas, al abandono de la familia por ser cristianos y hasta los golpes físicos porque fuimos adoptados por Dios y ahora estamos juntamente con Cristo en todos los negocios de su reino y parte de este negocio es sufrir por Cristo: Tus derechos, mis derechos como cristianos es estar juntamente con Cristo en las buenas y en las malas circunstancias, si es que existen malas circunstancias al lado de nuestro Salvador. Pero, también la herencia que Dios nos da es el gozo y la bendición de ser hijos *(tekna)* de Dios. ¡Esta es una gran herencia! Es aquí en donde podemos decir aquella expresión que muchos animadores han dicho: ¡El cielo es el límite!

Padecer juntamente con Cristo no implica estar sin temor, pero si implica el que: "Hubo un tiempo en que estamos bajo el control absoluto de nuestra naturaleza humana pecadora; pero Dios en su misericordia, nos ha tomado como su

---

[119]   William Barclay. *Comentario al Nuevo Testamento: Romanos: Volumen 8.* (Terrassa (Barcelona), España. Editorial CLIE. 1995), 134.

exclusiva posesión".[120] ¡Somos la herencia de Jesucristo para Dios! Y, al mismo tiempo, somos adoptados por Dios: ¡Esta es nuestra herencia! Parte de la herencia que Jesucristo recibió mientras estaba en esta tierra fue el sufrimiento tanto físico como emocional. El profeta Isaías, en los capítulos 52 y 53 de su profecía describe los sufrimientos del Señor Jesús y los evangelios los verifican. Entonces, si somos de Cristo, entonces debemos de recibir parte de esta herencia: ¡Sufrir juntamente con Cristo!

Conclusión.

Así que, lo que Cristo hereda, nosotros también lo heredamos. Padecer juntamente con Cristo también es algo glorioso. La Biblia dice que los cristianos somos como la niña de sus ojos. El profeta Zacarías dijo: "Porque así dice el Señor de los ejércitos,... porque el que los toca, toca la niña de Su ojo:..."[121] Y luego el salmista David, dijo: "Guárdame como a la niña de Tus ojos;...".[122]

Estar sufriendo o padeciendo con Cristo no es estar solos ni en lugar desprotegido, es estar en lo más delicado de la persona de Jesucristo: la niña de sus ojos. Con sus santos parpados y sus poderosas pestañas nos libra de cualquier basura o cosa que nos quiera hacer daño espiritual. Nos pueden maltratar y hasta asesinar como lo hicieron con el obispo Policarpo y con la hermana Felicidad y sus siete hijos,

---

[120] William Barclay. *Comentario al Nuevo Testamento: Romanos: Volumen 8.* (Terrassa (Barcelona), España. Editorial CLIE. 1995), 135.

[121] Zacarías 2:8, Nueva Biblia de las Américas (NBLA).

[122] Salmo 17:8, (NVI).

pero al final, nos gloriaremos en la misma presencia de Dios. ¡Existe una hermosa y rica herencia que nos espera al lado de Jesucristo! ¡Adelante, no te desesperes por lo que sucede a tu alrededor!

¡Adoremos al Señor con el que estamos sufriendo juntamente en este mundo de pecado!

GLORIFICADOS

Juntamente con Cristo

"El Espíritu mismo le asegura a nuestro espíritu que somos hijos de Dios. Y, si somos hijos, somos herederos; herederos de Dios y coherederos con Cristo, pues, si ahora sufrimos con él, también tendremos parte con él en su gloria".
Romanos 8:16-17, (RV1960).

Introducción.

Este es el séptimo y último mensaje de esta serie: *"Juntamente con Cristo"*. Hoy trataremos sobre la glorificación del creyente en Cristo Jesús. ¿Sabías que: "Es fácil rendirse en la vida. Y es más fácil darnos una buena razón para claudicar"?[123] Así somos los seres humanos, nos proponemos hacer algo para Dios, o para la sociedad o para uno mismo y en poco tiempo abandonamos el proyecto. Por ejemplo, nos proponemos leer la Biblia todos los días pero por alguna razón claudicamos. Nos proponemos tener una vida saludable pero nos volvemos socios de los gimnasios; pagamos la membrecía y solo hacemos ejerció dos o tres veces al año.

Dios no es así. ¡Dios no claudica! Lo que Él dice que va a hacer, lo hace. Esta es la razón por la cual un día no muy

---

[123] Rick Warren. *Transformados: Cómo Dios nos cambia.* (China. Editorial por Buddy Owens. 2014), Devocionales Diarios: Día 14.

lejano, los cristianos seremos glorificados por la pura gracia de Dios. De hecho, en el pensamiento del Señor ya somos glorificados, pues la Biblia dice que *"tendremos parte con él en su gloria"*. Es decir que para el Señor, ya somos glorificados juntamente con Cristo. Para el Señor, ¡Ya lo somos! Ahora bien, la pregunta es: ¿Para qué somos o seremos glorificados? No lo seremos solamente para estar en las Moradas Celestiales en compañía de la Trinidad, en donde el Padre nos dará la bienvenida, el Hijo nos dará un fuerte abraso y nos sentará a su lado para disfrutar del Reino Celestial y el Espíritu Santo, nos seguirá enseñando las grandes verdades que hay en Dios. ¡Esta es una escatología sin igual! ¡Esta es la esperanza del cristiano! ¡Grandiosa esperanza!

Sin embargo, vuelvo con la pregunta: ¿Para qué seremos glorificados? Lo seremos para ser herederos de Dios, en segundo lugar, lo seremos para ser coherederos con Cristo y en tercer lugar, para tener parte con Cristo en su gloria. Así que, pensemos en la primera declaración.

I.- Para ser herederos de Dios.

Esto parece ser una jactancia paulina. ¿Cómo es posible que un simple mortal sea heredero de Dios? Bueno, en primer lugar debemos aclarar que los que estamos en el proceso de ser *"glorificados juntamente con Cristo"*, ¡no somos simples mortales! ¡Somos los hijos de Dios! Al ser hijos del Creador del universo y de la misma humanidad, entonces, ya no somos tan simples. Luego, al ser perdonados de todos nuestros pecados y ser redimidos por Cristo Jesús, dejamos de ser simples mortales; ya nos somos de este mundo, aunque todavía peregrinamos en él. El Señor Jesucristo dice acerca de nosotros como cristianos: "Si ustedes fueran del mundo, el mundo amaría lo suyo; pero como no son del mundo, sino que Yo los escogí de entre el mundo, por eso el mundo los odia".[124]

¿Lo notaron? Jesucristo dijo que Él nos escogió *de entre el mundo*". Nos escogió para ser herederos de Dios. Y al escogernos para ser glorificados juntamente con Cristo, entonces, hemos pasado de muerte a vida; es decir, que la redención hecha por Jesucristo para redimirnos nos ha dado vida eterna. El mismo dijo que había venido a nosotros para darnos vida y vida en abundancia.[125] Luego el apóstol Pablo dice que los que estamos en Cristo somos nuevas criaturas y que todas las cosas antiguas ya han pasado.[126] Así que, si ya tenemos vida en Cristo Jesús y si ya somos nuevas personas, entonces, ¡no somos simples mortales! ¡Somos gente con la vida de Dios en nosotros! ¡Ya somos los hijos e hijas de Dios! Y esta posesión es lo que nos da el derecho de ser herederos de Dios. Esto no es jactancia paulina ni de nosotros, esto es una realidad que la Biblia enseña: Todos los cristianos tenemos una herencia en Dios.

Cuando el apóstol Pablo dice que somos los herederos de Dios, no es algo jactancioso ni atrevido sino una convicción que nace de una estrecha relación con Dios mismo. "Herederos de Dios – es decir-. Dios mismo, con todo lo que es y con todo lo que tiene, es la herencia de los santos",[127] dice el comentarista Matthew Henry.

---

[124]   Juan 15:19, (BLA) Nueva Biblia Latinoamericana.

[125]   Juan 10:10

[126]   2 Corintios 5:17, parafrases mía.

[127]   Mattew Henry. Comentario exegético devocional a toda la Biblia: Hechos, Romanos y I Corintios. Td. Francisco Lacueva. (Terrassa (Barcelona), España. Libros CLIE. 1989), 300.

Esta declaración bíblica: "Herederos de Dios", nos asegura, *primero*, que estando con Dios como sus hijos e hijas nada nos faltará. La promesa es que no existe "justo desamparado, ni a su descendencia mendigando pan".[128] El Salmista asegura que el Señor Dios es el Pastor de los cristianos y que nada les faltará".[129]

Segundo. Estamos asegurados porque Dios nos ha adoptado como sus hijos. Así que, "nuestra adopción es permanente. Nada puede cambiarla; nada ni nadie puede impedir que disfrutemos el favor y la bendición de Dios eternamente".[130] Esto es, al ser adoptados por el Señor, llegamos a ser herederos de Dios mismo y si Dios es eterno, y lo es, entonces, ¡tenemos una seguridad eternal! Dios en nosotros y nosotros en Dios por toda la eternidad. ¡Bendita herencia que nos ha tocado! ¡Dios es nuestra herencia!

El apóstol Pablo comienza el capítulo ocho de la Carta a los Romanos diciendo: *"Por lo tanto, ya no hay condenación para los que pertenecen a Cristo Jesús;"*, y luego agrega, diciendo: *"Pues todos los que son guiados por el Espíritu de Dios son hijos de Dios".*[131] Y si somos los hijos e hijas de Dios, entonces, somos sus herederos. ¡Herederos de Dios!

II.- Para ser coherederos con Cristo.

---

[128] Salmo 37:25, (LBLA)/

[129] Salmo 23:1, parafraseado por Eleazar Barajas.

[130] Douglas J. Moo. *Comentarios con aplicación: Romanos: del texto bíblico a una aplicación contemporánea*. (Miami, Florida. Editorial Vida. 2011), 256.

[131] Romanos 8:1, 14, (NTV).

La segunda razón por la cual seremos glorificados juntamente con Cristo es para ser coherederos con Cristo. Los indígenas Sioux, habitantes del estado de Dakota del Sur y los Soldados de las tropas del Séptimo de Caballería comendados por el coronel James Forsyth, no pudieron ser coherederos del Estado de Dakota del Sur, más bien, lo que allí se produjo fue una masacre contra los niños, mujeres y hombres de la tribu Sioux que quedaron tendidos sobre el hielo a causa de las armas disparadas por los soldados. "Un sobreviviente de la masacre relataría así lo sucedido. 'De pronto nadie supo lo que ocurría, salvo que los soldados hacían fuego y los fusiles de carro (las ametralladoras) diezmaban al pueblo'."[132] Fue una masacre llevada a cabo el 29 de diciembre de 1890 que ha quedado con el apodo o título de: *Epitafio de los indios norteamericanos.*

"Un siglo después de estos hechos, en 1990, un líder espiritual del pueblo Sioux pronunció estas palabras en el mismo escenario en el que habían sido asesinados sus antepasados: 'Hoy rezamos por la paz por toda la humanidad y por la unidad de nuestro pueblo'."[133]

Una triste y dolosa historia que nos hace recordar las masacres de nuestros días como la de Walmart en el Paso, Texas, sucedida el día sábado 3 de agosto de este año (2019), en la que murieron por lo menos 20 personas. O, como la del 15 de febrero de 2019, en la que "Gary Martin mató a cinco compañeros de trabajo en una fábrica en Aurora, Illinois,

[132] Jesús Hernández. *Las 50 grandes masacres de la historia.* (Gavá (Barcelona), España. Impreso por Litografía Rosés, S. A. 2011), 167.

[133] Jesús Hernández. *Las 50 grandes masacres de la historia.* (Gavá (Barcelona), España. Impreso por Litografía Rosés, S. A. 2011), 169.

durante una reunión disciplinaria en la que fue despedido".[134] Al parecer, ¡nadie quiere ser coheredero con su vecino! Al parecer, existe un odio racial o cultural en el que nadie tiene cabida excepto el "Yo". Nadie quiere compartir lo que Dios ha provisto para la humanidad. Un sentimiento egoísta, discriminatorio y criminal es lo que vemos en las noticias de todos los medios de comunicación.

Lo que la Biblia nos dice es que en el caso de Jesucristo y su herencia es que es una herencia compartida: nada de racismo; nada de egoísmos; y nada de crímenes surgen en esta herencia. El texto de Romanos 8; 17, dice que somos *"coherederos con Cristo"*. Es decir que toda la herencia que le pertenece a Jesucristo como el Hijo Unigénito del Padre, ¡la comparte con nosotros! *"pues, si ahora sufrimos con él"*, como lo estudiamos en el mensaje anterior, *"también tendremos parte con él en su gloria"*. ¡Ah, bendita herencia!

¿Y cuál debe de ser nuestra esperanza? Que: "Un día tomaremos plena posesión de nuestra herencia, siguiendo al hijo que nos ha precedido".[135] Un día no muy lejano, nos sentaremos al lado o al frente de Jesucristo quien a su vez estará al lado del Padre. ¿Y saben qué? ¡Disfrutaremos de la herencia de Jesucristo! ¡El Señor nos hará coherederos de su herencia! ¿No le dan gloria a Dios? ¡Sí, amén!

Bueno, pastor, ¿y cuál es la herencia de que seremos coherederos con Cristo? Es una herencia doble: *Primero*, es un

---

[134] Hoy. *masacres recientes en Estados Unidos.* (La Habra, California. Internet. Consultado el 27 de noviembre de 2019), ¿? https://www.hoylosangeles.com/noticias/estadosunidos/articulo/2019-08-03/9-masacres-recientes-en-estados-unidos

[135] Douglas J. Moo. *Comentarios con aplicación: Romanos: del texto bíblico a una aplicación contemporánea.* (Miami, Florida. Editorial Vida. 2011), 254

"derecho a la futura gloria en el cielo (v.17): *'Y si hijos también herederos'*,"[136] dice la Biblia. Quiero que me escuchen bien: ¡Es un derecho! Es decir, nos pertenece; somos los dueños de esa herencia. Ahora bien, mientras el fututo no llega a nosotros para que podamos disfrutar de esa *"futura gloria en el cielo"*, en el hoy, es decir, en este estado presente, estamos aprendiendo y preparándonos "para entrar en posesión plena de la herencia".[137]

En *segundo* lugar, la otra parte de la herencia y no necesariamente tiene que ser en partes, pues la herencia es una sola, sin embargo, para poder entender mejor el privilegio que tenemos como cristianos, le digo que en segundo lugar, la herencia de la cual seremos o mejor dicho ya somos coherederos con Cristo, es Dios. Esto es lo que le he dicho en la primera parte de este mensaje, que Dios mismo es nuestra herencia. Recuerda, somos "Herederos de Dios. Dios mismo, con todo lo que es, y con todo lo que tiene, es la herencia de los santos".[138] No podemos separar a Cristo Jesús de la divinidad. El mismo es Dios. Jesucristo es Dios y por lo tanto, al ser coherederos de Jesucristo, somos también herederos de Dios mismo. ¡Gloria a Dios! Con justa razón el Salmista dijo que "somos el pueblo de Dios",[139] pues Él es nuestra herencia.

---

[136] Matthew Henry. *Comentario exegético devocional a toda la Biblia: Hechos, Romanos y I Corintios.* Td. Francisco Lacueva. (Terrassa (Barcelona), España. Libros CLIE. 1989), 300.

[137] Matthew Henry. *Comentario exegético devocional a toda la Biblia: Hechos, Romanos y I Corintios.* Td. Francisco Lacueva. (Terrassa (Barcelona), España. Libros CLIE. 1989), 300.

[138] Matthew Henry. *Comentario exegético devocional a toda la Biblia: Hechos, Romanos y I Corintios.* Td. Francisco Lacueva. (Terrassa (Barcelona), España. Libros CLIE. 1989), 300.

[139] Salmo 100:3b.

Luego el Salmista David lo confirma, diciendo: "Jehová es la porción de mi herencia... Y es hermosa la heredad que me ha tocado".[140]

¿Ya se dieron cuenta? ¡Somos gente bendecida! ¡Somos herederos del Creador de todo el universo! ¡Gloria a Dios! Al convertirnos en los coherederos de Cristo Jesús también llegamos a ser los herederos de Dios. Y, como seres beneficiados por una herencia sin igual, entonces, es necesario que tengamos un cambio radical. Es decir, no podremos disfrutar de esta admirable y sin igual herencia sin pasar por una transformación radical. Esta transformación es la glorificación. Entonces, ¿para qué es necesaria la glorificación de nuestros cuerpos, mentes y espíritus?

III.- Para poder tener parte con Cristo en su gloria.

A los cristianos nos espera un futuro glorioso. "El estado de la iglesia en este mundo es un estado de aflicción (Jn 16:33). El camino que recorrió Cristo para entrar en la gloria fue de sufrimientos (Lc. 24:26. Estando unidos con él, hemos de seguir el mismo camino (I Pedro 2:21), pero no vamos a salir perdedores, puesto que..."[141] "... si ahora sufrimos con él, también tendremos parte con él en su gloria".[142] Entonces, pues, para poder tener parte con Cristo Jesús en su gloria,

---

[140] Salmo 16:5-6, (RV1960).

[141] Matthew Henry. *Comentario exegético devocional a toda la Biblia: Hechos, Romanos y I Corintios.* Td. Francisco Lacueva. (Terrassa (Barcelona), España. Libros CLIE. 1989), 300.

[142] Romanos 8:17c, (NVI).

debemos de estar seguros de que seremos "Glorificados juntamente con Cristo".

Bueno, Pastor, ¿Y qué es la glorificación? El apóstol Pablo, en I Corintios 15, habla sobre la resurrección de los muertos y el cambio que en ellos se opera al resucitar. Cuando habla de los cristianos, dice:

"Les declaro, hermanos, que el cuerpo mortal no puede heredar el reino de Dios, ni lo corruptible puede heredar lo incorruptible. Fíjense bien en el misterio que les voy a revelar: No todos moriremos, pero todos seremos transformados, en un instante, en un abrir y cerrar de ojos, al toque final de la trompeta. Pues sonará la trompeta y los muertos resucitarán con un cuerpo incorruptible, y nosotros seremos transformados. Porque lo corruptible tiene que revestirse de lo incorruptible, y lo mortal, de inmortalidad".[143]

Durante esta serie de mensajes he comentado que los cristianos pasamos por un proceso espiritual que fue inventado por Dios. Un plan divino que dice así:

"Crucificados juntamente con Cristo (Gál. 3:20).

Muertos juntamente con Cristo (Col. 2:20).

Sepultados juntamente con Cristo (Rom. 6:4).

Vivificados juntamente con Cristo (Ef. 2:5).

Resucitados juntamente con Cristo (Col. 3:1).

Sufrientes juntamente con Cristo ((Rom. 8:17)".[144]

---

[143] I Corintios 15:50-53, (NVI).

[144] Carro, Daniel, José Tomás Poe y Rubén O. Zorzoli. *Comentario Mundo Hispano: Tomo 8: Salmos. (El Paso, Texas. Editorial Mundo Hispano. Ediciones 1997-2002), 196.*

Y ahora estamos meditando en: "*Glorificados juntamente con Cristo* (Rom. 8:17)".[145] Todos los anteriores "*juntamente con Cristo*", nos hablan de una vida cristiana normal en esta tierra, sin embargo, con la declaración: "*Glorificados juntamente con Cristo*", nos enteramos que con Cristo, estamos bien cimentados para vivir en esta vida terrenal pero "no lo estamos para la venida del mundo venidero. ... Una persona tiene que cambiar para entrar en otro nivel de la vida; y Pablo insiste en que tenemos que experimentar una transformación radical para entrar en el reino de Dios".[146] Esto es que, necesitamos ser glorificados.

Entonces, pues, la glorificación es un término teológico que indica que el cristiano está libre de todo pecado. La glorificación es un acto de Dios que hará al final de los tiempos.[147] Lo hará cuando se toque la trompeta final.[148] En pocas palabras, la glorificación es "un estado de gran honor".[149] Un estado libre de todo pecado. Es más, es un estado libre de toda huella de pecado.

Antes de terminar con este mensaje debo aclararles que la glorificación se llevará a cabo en dos tipos de personas:

---

[145]   Carro, Daniel, José Tomás Poe y Rubén O. Zorzoli. *Comentario Mundo Hispano: Tomo 8: Salmos*. (El Paso, Texas. Editorial Mundo Hispano. Ediciones 1997-2002), 196.

[146]   William Barclay. *Comentario al Nuevo Testamento: Volumen 9: Corintios*. (Terrassa (Barcelona), España. Editorial CLIE. 1996), 194

[147]   TRUTH. *¿Qué es la glorificación según la Biblia?* (La Habra, California. Internet. Consultado el 30 de noviembre de 2019), 1 https://www.compellingtruth.org/Espanol/La-Glorificacion.html

[148]   I Corintos 15:52.

[149]   TRUTH. *¿Qué es la glorificación según la Biblia?* (La Habra, California. Internet. Consultado el 30 de noviembre de 2019), 1 https://www.compellingtruth.org/Espanol/La-Glorificacion.html

Los que resuciten cuando Jesucristo regrese a tierra por Segunda vez. Todos los fieles a Dios resucitarán y tendrán una transformación; ¡Serán glorificados! Solamente así, podrán disfrutar del Reino de Jesucristo. Recuerda: "Una persona tiene que cambiar para entrar en otro nivel de la vida;...".[150] ¡Tiene que ser glorificada!

El otro tipo de persona que será glorificada es el cristiano que esté vivo cuando Jesucristo regrese a la tierra por Segunda vez. Es decir que, para obtener la glorificación no es necesaria la muerte. Un ejemplo de lo que estoy diciendo son las vidas de Enoc y Elías.

"Enoc nunca murió ni Elías murió,... Hubo una transformación que glorificó sus cuerpos sin que muriesen".[151] Pablo dice:

"Fíjense bien en el misterio que les voy a revelar: No todos moriremos, pero todos seremos transformados, en un instante, en un abrir y cerrar de ojos, al toque final de la trompeta. Pues sonará la trompeta y los muertos resucitarán con un cuerpo incorruptible, y nosotros seremos transformados".[152]

¿Ya se dieron cuenta? "Algunos estarán vivos cuando venga Jesús, y cuando venga los vivos serán como Enoc y Elías", me refiero a que en la Segunda venida de Jesucristo

---

[150] William Barclay. *Comentario al Nuevo Testamento: Volumen 9: Corintios.* (Terrassa (Barcelona), España. Editorial CLIE. 1996), 194.

[151] B. H. Carroll. *Comentario Bíblico # 10. Santiago, 1a y 2a tesalonicenses; 1a y 2ª Corintios.* (Terrassa (Barcelona), España. Editorial CLIE. 1987), 281.

[152] I Corintios 15:51-52, (NVI).

habrá cristianos vivos, y ellos, juntamente con los que ya estaremos con el Señor, ¡seremos transformados! ¡Habrá una glorificación de todos los cristianos!

Pastor, ¿y qué sucederá después de que seamos glorificados juntamente con Cristo? Inmediatamente entraremos a disfrutar de las bendiciones que hay en el reino celestial. Jesucristo les dijo a sus apóstoles o seguidores que en la Casa de su Padre había mucho lugar. Con esta idea, el apóstol Pablo les anunció a los cristianos de Filipos una parte de la gloriosa esperanza que trae la glorificación con Cristo. La Biblia dice:

> "Nosotros, en cambio, somos ciudadanos del cielo, y esperamos que de allí vuelva nuestro Salvador, el Señor Jesucristo. Nuestros débiles cuerpos serán destruidos, pero él los transformará en cuerpos gloriosos como el suyo. Esto lo hará con el mismo poder con que controla todo el universo".[153]

¡Estos son los beneficios de la glorificación! Somos *ciudadanos del cielo* y nuestros *cuerpos serán transformados*: Es decir, tendremos una glorificación radical que nos permitirá poder tener parte con Cristo en su gloria. ¡Somos un pueblo muy bendecido!

Conclusión.

La glorificación juntamente con Cristo es un vivir en esta tierra *para ser herederos de Dios mismo*, la glorificación juntamente con Cristo es *para poder ser coherederos con*

---

[153] Filipenses 3:20-21, (TLA).

Cristo Jesús y también *para poder tener parte con Cristo en su gloria.* Esta última verdad es una experiencia por fe, pues es futura o escatológica. Será una experiencia en la cual ya nada nos separará del amor de Cristo y de su gozo eternal.

¡Seremos glorificados juntamente con Cristo! Y, entonces, la esperanza gloriosa será un cambio radical de nuestros cuerpos. Tendremos cuerpos que nos permitirán disfrutar por toda la eternidad la gloria de Dios. ¡Amén!

APÉNDICE A

Thanksgiving
-Día de Acción de Gracias-

La presión económica y religiosa y los peligros de la guerra en Europa, en especial en la que se enfocó en la persecución religiosa en Inglaterra provocaron la huida de hombres y mujeres hacía diferente lugares fuera de los territorios problemáticos. Salieron de su tierra buscando lugar en donde no pudieran ser alcanzados por las políticas de las guerras. Los peregrinos que llegaron a las costas de los Estados Unidos fueron los que propiamente comenzaron la historia de este gran país. Ya que:

"La historia de Estados Unidos de Norteamérica empieza con la llegada del Mayflower, nave que llevaba a Norteamérica a emigrantes de religión puritana procedentes de Scrooby, en Inglaterra. Los *Pilgrim fathers* o peregrinos emigraron anteriormente a Holanda y se instalaron primero en Amsterdam y luego en Leyde.

A mediados de septiembre del año 1620 se dirigieron a Norteamérica a bordo del Mayflower, junto con otros emigrantes; hacían un total de 102 personas. Su lugar de destino era Virginia, pero vicisitudes de la travesía impidieron a los peregrinos poner rumbo al sur. Así es que a fines de diciembre llegaron a lo que actualmente es el puerto de Plymouth".[154]

¡Y la Historia Norteamericana se inicia! Uno de los eventos más destacados del origen de la Historia de Estados Unidos es la celebración de una gran comida a la que hoy se conoce como: *Thanksgiving* (Día de Acción de Gracias).

"El resumen de William Bradford[155] sobre su llegada es muy elocuente: "No tenían amigos que los recibieran ni posadas donde abrigarse o recuperar las fuerzas, deterioradas por la intemperie; ni casas ni mucho menos ciudades adonde encaminarse a pedir socorro... Además, ¿qué podían ver sino un espantoso y desolado yermo, lleno de bestias salvajes..?, toda la región, llena de bosques y matorrales, tenía aspecto violento y cruel." Y los "padres peregrinos" eran habitantes de la ciudad, no acostumbrados a trabajar la tierra. Sólo con la ayuda de indios amistosos, que les enseñaron a pescar y a sembrar maíz, lograron sobrevivir.

---

[154] LOS PADRES PEREGRINOS EN EL MAYFLOWER BARCO PURITANOS INMIGRANTES. (La Habra, California. Internet. Consultado el 19 de diciembre de 2019), 1 https://historiaybiografias.com/losviajes2/

[155] John Carver y William Bradford fueron los líderes de las 102 personas que llegaron a América en el Mayflower. El resumen que he copiado se encuentra en el Diario de Bradford titulado: **Del asentamiento de Plymouth (en inglés: Of Plymouth Plantation)** es un libro escrito entre 1620 y 1647 por William Bradford, el líder de la Colonia de Plymouth (Massachusetts). Se trata de un diario en el cual se narra la historia de los Padres Peregrinos desde 1608, cuando estaban radicados en los Países Bajos, hasta el propio año 1647, pasando por hechos fundamentales como el viaje a bordo del Mayflower, en 1620, o la expulsión de Thomas Morton, en 1628". *Del asentamiento de Plymouth.* (La Habra, California. Internet. Consultado el 19 de diciembre de 2019), 1 https://es.wikipedia.org/wiki/Del_asentamiento_de_ Plymouth

Después de su primera cosecha, indios y peregrinos celebraron conjuntamente la Acción de Gracias".[156]

La Primera Celebración del *Día de Acción de Gracias* fue en grande, pues, "duró tres días, y sería uno de los ejemplos de armonía entre los colonos europeos y los nativos americanos".[157] Yo quería también esa *"armonía"* en mi iglesia y entre mi familia de sangre, así que, durante la predicación de los siete mensajes titulados: *"Juntamente con Cristo"* que contiene este libro, hice una pausa y el cuarto jueves del mes de noviembre celebramos el *Día de Acción de Gracias* aquí en los Estados Unidos. ¿Por qué el cuarto jueves del mes de noviembre? Porque, siguiendo el buen ejemplo de los indios Norteamericanos: "El Día de Acción de Gracias fue proclamado oficialmente por el presidente Lincoln en 1863, para ser celebrado el último jueves del mes de Noviembre hasta que el presidente Roosevelt lo cambió en 1941 para el cuarto jueves del mismo mes".[158] Entonces, para seguir con la tradición, durante el recordatorio de este evento, prediqué el siguiente mensaje.

---

[156] LOS PADRES PEREGRINOS EN EL MAYFLOWER BARCO PURITANOS INMIGRANTES. (La Habra, California. Internet. Consultado el 19 de diciembre de 2019), ¿?. https://historiaybiografias.com/losviajes2/

[157] *Historia del Thanksgiving day o día de acción de gracias.* (La Habra, California. Internet. Consultado el día 19 de diciembre de 2019), ¿?. https://elvergelsanmiguel.com/historia-del-thanksgiving-day-o-dia-de-accion-de-gracias/

[158] *Historia del Thanksgiving day o día de acción de gracias.* (La Habra, California. Internet. Consultado el día 19 de diciembre de 2019), ¿?. https://elvergelsanmiguel.com/historia-del-thanksgiving-day-o-dia-de-accion-de-gracias/

¡GRACIAS, SEÑOR!

"Den gracias al Señor por su misericordia y sus maravillas para los hombres". (Salmo 107:8).

Introducción.

Este Salmo 107 comienza haciendo un llamado a la alabanza: Dice que el Señor es bueno y por eso invita a que se le alabe; a que se le cante. Este Salmo "era cantado por varios grupos en una de las fiestas de los israelitas".[159] El salmista, "invita a cuatro grupos a narrar en canticos como Dios los libró del peligro y de la muerte".[160]

Adolfo Hitler, en su libro titulado: *"Mi lucha"*, escribió esta reflexión personal: "En Viena me di cuenta de que siempre existía la posibilidad de encontrar alguna ocupación, pero que esta se perdía con la misma facilidad con la que era conseguida. La inseguridad de ganarse el pan cotidiano me pareció una de mis más graves dificultades de mi nueva vida".[161] En cambio, el pueblo de Israel, siempre tuvo que comer, el maná fue su alimento por cuarenta años. El único problema fue recogerlo cada mañana. ¡Muy poca dificultad!

La misericordia y el poder milagroso de Dios para con los israelitas fue el soporte de apoyo, de vivencia y de adoración

---

[159] Nota de encabezado en la Biblia de Estudios Esquematizada. Reina Valera 1969. (Brasil. Sociedades Bíblicas Unidas. 2010), 888.

[160] Nota de encabezado en la Biblia de Estudios Esquematizada. Reina Valera 1969. (Brasil. Sociedades Bíblicas Unidas. 2010), 888.

[161] Adolf Hitler. *Mi lucha*. (San Bernardino, California. Sin Casa Editorial. O2 septiembre de 2010), sin número de página.

durante todo su peregrinar desde la tierra de Egipto hasta Palestina. Ellos podían decir cada día: ¡Gracias, Señor!

En este *Día de Acción de Gracias, ¿*qué podemos aprender de estas palabras del Salmo 107:8? Podemos aprender a ser agradecidos con Dios: "Den Gracias al Señor", dice el texto. Que debemos ser agradecidos por "su misericordia" y por "sus maravillas". Y en tercer lugar, este texto enseña que Dios es bueno "para con los hombres".

Pero hoy, me quiero enfocar en que debemos ser agradecidos por "su misericordia" y por "sus maravillas". Es decir, pensemos en estas dos grandes verdades:

I.- Dar gracias al Señor "por su misericordia". *(107:8ª).*

"El Salmo enseña que Dios en su providencia – "por su misericordia"-, cuida a los suyos y escucha sus oraciones".[162] En los primeros treinta y dos versículos de este Salmo 107, el Salmista hace referencia a cuatro crisis humanas o problemas entre los israelitas. Habla de la soledad, habla de la opresión, habla de la enfermedad y habla de ser abatidos por la tormenta. El versículo ocho, que es el versículo que hemos leído, toca el tema de la soledad.

¡Ah, la soledad! Cuando hablamos de soledad estamos haciendo referencia a la falta de compañía; los seres humanos somos personas sociales, es decir, necesitamos un compañero

---

[162] Eduardo Nelson G. Mervin Breneman y Ricardo Souto Copeiro. *Comentario Bíblico Mundo Hispano: Tomo 8: Salmos.* (El Paso, Texas. Editorial Mundo Hispano. 2002), 342.

para sacar de nosotros lo social, ya sea una conversación o un disgusto: con el compañero o compañera nos alegramos o nos enojamos pero, ¿saben qué? ¡Lo necesitamos! ¡Somos gente social! Pero al mismo tiempo, necesitamos de Dios. ¡Necesitamos del Señor que siempre quiere estar con nosotros mostrándonos "su misericordia"!

Noten lo que dice el escritor del Libro a los Hebreos, él dice: "Acerquémonos, pues, confiadamente al trono de la gracia, para alcanzar misericordia y hallar gracia para el oportuno socorro".[163] ¿Alguna vez te has puesto a pensar el porqué de este llamamiento? ¡Porque necesitamos compañía! ¡No podemos vivir todo el tiempo en soledad! Unas horas está bien, pero no todo el tiempo. Si no puedes acercarte a un amigo o a una amiga, allí esta Dios con su gran misericordia esperándote para abrazarte; para apapacharte. Y una vez que estés allí, en los brazos del Todo misericordioso Dios, ¿qué le dirás? Yo le diría: ¡Gracias, Señor!

El francés, Blaise Pascal, quien fue un polímata,[164] matemático, físico, teólogo católico, filósofo y escritor francés –nada más eso-, dijo: "Sólo hay dos clases de personas coherentes: los que gozan de Dios porque creen en él y los que sufren porque no le poseen".[165] Yo sé que tú crees en Dios.

---

[163] Hebreos 4:16 | RVR60 |

[164] *Definición de Polímata.* La polimatía (del griego πολυμαθία, el aprender mucho –de μανθάνω, aprender y πολύ mucho–) es la sabiduría que abarca conocimientos sobre campos diversos de la ciencia, arte o las humanidades. Un polímata (en griego: πολυμαθής)? es un individuo que posee conocimientos que abarcan diversas disciplinas. La mayoría de los filósofos de la antigüedad eran polímatas, tal como se entiende el término hoy en día. (La Habra, California. Internet. Consultado el día 19 de diciembre de 2019), 1 https://es.wikipedia.org/wiki/Polimat%C3%ADa

[165] Blaise Pascal. *Frases religiosas.* (La Habra, California. Internet. Consultado el 21 de noviembre de 2019), ¿?.

¡Amén! Así que como creyente en el Dios misericordioso, ¿qué le puedes decir hoy? ¡Gracias, Señor!

No tienes que sufrir porque no tienes a Dios en tu vida. No tienes que vivir en la soledad cuando hay un Dios misericordioso. La misericordia de Dios está a tu lado, tómala, hazla tuya en este Día de Gracias y, dile a Dios: ¡Gracias, Señor!

II.- Dar gracias al Señor por "sus maravillas".

Como ya hemos notado, este Salmo 107, "hace alusiones a los acontecimientos históricos desde el Éxodo hasta el cautiverio babilónico".[166] En base a esta declaración, sabemos que las obras de Dios tanto en el pasado como en el presente no son actos o maravillas que dependan de la llamada suerte: es decir, de "un encadenamiento de sucesos que es considerado como casual o fortuito".[167] Ustedes se han dado cuenta que: "Quienes creen en la suerte, sostienen que las condiciones de vida pueden depender del destino o de la existencia y utilización de amuletos".[168] Lo que el Salmista está diciendo es que las "maravillas" del Señor y Dios de Israel no dependieron de la suerte sino del brazo poderoso de Dios.

Bien ha dicho la psiquiatra y escritora suizo-estadounidense, Elisabeth Kübler Ross que: "No hay errores,

---

[166] Eduardo Nelson G. Mervin Breneman y Ricardo Souto Copeiro. Comentario Bíblico Mundo Hispano: Tomo 8: Salmos. (El Paso, Texas. Editorial Mundo Hispano. 2002), 342.

[167] *Definición del término suerte.* (La Habra, California. Internet. Consultado el 21 de noviembre de 2019), ¿?. https://definicion.de/suerte/

[168] *Definición del término suerte.* (La Habra, California. Internet. Consultado el 21 de noviembre de 2019), ¿?. https://definicion.de/suerte/

no hay coincidencias. Todos los eventos son bendiciones que se nos dan para aprender de ellas".[169] Las Diez Plagas en Egipto, el cruce del mar rojo, la caminata por el desierto durante cuarenta años, y los demás eventos o "maravillas" hechas por el Señor entre su pueblo, además de que son "para aprender de ellas", ¡también son para darle gracias a Dios! ¡El Señor es soberano!

Las maravillas que Dios ha hecho entre nosotros son motivo de Acción de Gracias, ¿Creen que podemos volver a decirle a Dios: ¡Gracias, Señor!? ¡Sí!, ¡Gracias, Señor!

Conclusión:

El Señor Jesucristo ha mostrado entre nosotros su misericordia y ha hecho "maravillas" o milagros que nos ha confirmado su presencia entre nosotros, así que, ¿qué le podemos decir al Señor en esta hora? ¡Gracias Señor!

Para el futuro, podemos usar la corta oración del dramaturgo William Shakespeare, quien oró diciendo: "Oh Señor que me das la vida, ¡Préstame un corazón lleno de gratitud!"[170] – Y, recuerda, "ser agradecido no es una oración que haces antes de cada comida. Es una manera de vivir".[171] Es por eso que hoy, en este Día de Gracias le decimos a Dios: ¡Gracias, Señor!

---

[169] Elisabeth Kübler Ross. *Frases religiosas.* (La Habra, California. Internet. Consultado el 21 de noviembre de 2019), ¿?.

[170] William Shakespeare. *Frases religiosas.* (La Habra, California. Internet. Consultado el 21 de noviembre de 2019), ¿?.

[171] *Oración en el Internet.* (La Habra, California. Internet. Consultado el 22 de noviembre de 2019), ¿?

APÉNDICE B

La Navidad
-*"It's Most Wonderful Time of The Year"*-

Una de las expresiones que escuchamos con más frecuencia en los cantos navideños cuando llega los días del mes de diciembre es: *"It's Most Wonderful Time of The Year"*.[172] (Es el tiempo más hermoso del año). Y, lo es para la mayoría de la gente en todo el mundo. Sin cerrar los ojos para no ver que una gran mayoría de personas, en estos días de Navidad, no solo no reciben un regalo navideño sino que, algunos no tienen un lugar para vivir, otros no tienen alimentos, otros más no tienen familiares con quien gozarse en estos días festivos y, también un gran número de personas están sufriendo los estragos de las guerras y disturbios guerrilleros o de pandillerismos; disturbios políticos y atrocidades de mentes envenenadas por el odio, el racismo y el descontento de las circunstancias.

---

[172] *It's Most Wonderful Time of The Year*. Este es el título de una de las canciones o himnos o villancicos navideños que fue inventada por Andy Williams y que se encuentra en su: Christmas Álbum. The Andy Williams Christmas Album is the first Christmas holiday album released by singer Andy Williams and his twelfth studio album overall. It was issued by Columbia Records in 1963, and it would prove to be the first of eight Christmas albums released by Williams. Though it was also the album that introduced Williams' perennial holiday classic "It's the Most Wonderful Time of the Year", Columbia instead opted to release Williams' cover of "White Christmas" as the album's promotional single at the time. (La Habra, California. Internet. Consultado el 19 de diciembre de 2019), ¿?. https://en.wikipedia.org/wiki/The_Andy_Williams_Christmas_Album

Uno tiene que preguntarse: ¿En realidad este es el tempo más hermoso del año? Pareciera que no. Sin embargo, sí lo es. Los cantos navideños, las multiformes luces, los llamativos adornos navideños, las festividades eclesiásticas; las familiares y sociales hacen de estos días de Navidad un tiempo muy agradable.

Ahora bien, como *"Es el tiempo más hermoso del año"*, entonces, tenemos que recurrir a la Biblia, a la teología, a la historia, a la tradición y a la religión para hacer que este tiempo no de deje de ser el Tiempo Más Hermoso del Año.

Los mensajes que están en este *Apéndice "B"*, tratan de hacer honor a esta expresión: *"It's Most Wonderful Time of The Year"*. Es el tiempo de recordar el nacimiento de Jesucristo; el Mesías prometido a la humanidad con el fin de que el plan salvífico; ideado en la eternidad con Dios, fuera proclamado y aceptado por los seres humanos.

Una belleza redentora tiene como base estos hermosas días navideños, pues el cumplimiento de las palabras de Jesús, cuando dijo: "Porque el Hijo del Hombre vino a buscar y a salvar lo que se había perdido",[173] hacen mucho más hermoso este Tiempo de Navidad.

Así que, espero que estos cuatro Mensajes Navideños cumplan con el propósito de darle un toque más hermoso a la Navidad, pues son, sin duda, días en los cuales: *"Es el Tiempo Más Hermoso del Año"* (*It's Most Wonderful Time of The Year*).

---

[173] Lucas 19:10, (RV1960).

EL MESÍAS PROMETIDO

"Libro de la genealogía de Jesucristo, hijo de David, hijo de Abraham"
Mateo 1:1, (RV60).

Introducción.

En el edificio marcado con el número 263 de la calle Prinsengracht en Ámsterdam, Alemania, que hoy es un museo, un turista anotó "en el registro de visitantes...: 'Si sólo tuviera derecho a leer dos libros en toda mi vida, sería la Biblia y el *Diario de Ana Frank'*."[174] Ya más o menos sabemos lo que dice la Biblia pero, ¿qué dice el *Diario de Ana Frank?*

Es la historia de una joven judía que permaneció juntamente con sus padres Otto Heinrich Frank, su madre Edith, su hermana Margot y cuatro personas más escondidas en un refugio hecho por su padre por 25 meses cuando los nazis estuvieron persiguiendo a los judíos, para ser llevados a los campos de concentración o a los hornos crematorios.

"El fin les llegó la mañana del viernes 4 de agosto cuando llevaban 761 días escondidos".[175] Los nazis los apresaron. Los hombres fueron llevados al campo de concentración de Auschwitz en Polonia. A Ana y su hermana Margot las

---

174   Lawrence Elliot. *Ana Frank, ayer y siempre.* (Hollywood, Florida. Selecciones del Reader's Digest. Volumen CX. No. 659. Octubre 1995), 107-108.

175   Lawrence Elliot. *Ana Frank, ayer y siempre.* (Hollywood, Florida. Selecciones del Reader's Digest. Volumen CX. No. 659. Octubre 1995), 107.

llevaron al campo de concentración de Bergen-Belsen en Alemania en donde murió de tifus en marzo de 1945.[176]

"Un Estudiante estadounidense que hizo un viaje desde Londres para visitar la Casa de Ana Frank declaró: 'En este lugar Ana se enfrentaba a la muerte y, sin embargo, en su diario bromeaba y soñaba con la vida que llevaría después de la guerra. Eso nos enseña que lo importante no es como ni cuando se muere, sino como se vive'."[177]

Una nota en el Diario de Ana Frank dice: *"A pesar de todo, sigo creyendo que la gente es buena en el fondo"*.[178] Y el escritor Lawrence Elliott ha dicho: "Hace 50 años, una muchacha desconocida murió en un campo de concentración nazi. Pero el diario que nos legó sigue conmoviendo a millones de personas en todo el mundo".[179]

Cuando leo el primer versículo del Evangelio de Mateo, viene a mi mente que Mateo nos dejó una genealogía de un personaje que nunca escribió nada ni en el Antiguo ni en el Nuevo Testamento, pero que ambos testamentos dicen mucho de su vida, de su ministerio y de su plan Redentor. Mateo, también nos legó un libro que ha conmovido a millones de personas y que hace del fin de cada año los más hermosos tiempos. ¡La Navidad de Jesucristo!

[176] Lawrence Elliot. *Ana Frank, ayer y siempre*. (Hollywood, Florida. Selecciones del Reader's Digest. Volumen CX. No. 659. Octubre 1995), 107.

[177] Lawrence Elliot. *Ana Frank, ayer y siempre*. (Hollywood, Florida. Selecciones del Reader's Digest. Volumen CX. No. 659. Octubre 1995), 108.

[178] Lawrence Elliot. *Ana Frank, ayer y siempre*. (Hollywood, Florida. Selecciones del Reader's Digest. Volumen CX. No. 659. Octubre 1995), 108.

[179] Lawrence Elliot. *Ana Frank, ayer y siempre*. (Hollywood, Florida. Selecciones del Reader's Digest. Volumen CX. No. 659. Octubre 1995), 102.

¿Cuál es la aportación de Mateo para que estos días sean los más hermosos del año? Su aportación comienza con la declaración: *"Libro de la genealogía de Jesucristo, hijo de David, hijo de Abraham".*[180] Una declaración que hace pública, a semejanza del *Diario de Ana Frank* que publica la difícil vida entre los nazis, Mateo anuncia desde el mismo inicio de su evangelio quien es Jesucristo.

I.- El Mesías Jesucristo.

Esta es la primera verdad pública que hace Mateo del Mesías Cristo Jesús. Volvamos a leer el texto de este mensaje. La Versión Reina y Valera, dice: "Libro de la genealogía de Jesucristo, hijo de David, hijo de Abraham". En Nueva Versión Internacional, dice: "Tabla genealógica de Jesucristo, hijo de David, hijo de Abraham:". Y en la Versión Dios es Amor, dice: "Estos son los antepasados de Jesucristo, descendiente del rey David y de Abraham".

Las tres versiones que hemos leído hacen énfasis en el Mesías Jesucristo. Para los hispanos, las genealogías no son de mucha importancia y en algunos casos, hasta son aburridas. Por ejemplo, cuando leemos:

"Los hijos que nacieron a Hezrón: Jerameel, Ram y Quelubai. Ram engendró a Aminadab, y Aminadab engendró a Naasón, príncipe de los hijos de Judá. Naasón engendró a Salmón, y Salmón engendró a Booz. Booz engendró a Obed, y Obed engendró a Isaí, e Isaí engendró a Eliab su primogénito, el segundo Abinadab, Simea

---

180   Mateo 1:1, (RV60).

el tercero, el cuarto Natanael, el quinto Radai, el sexto Ozem, el séptimo David, de los cuales Sarvia y Abigail fueron hermanas".[181]

Cuando leemos este trabalenguas y seguimos leyendo las diferentes genealogías que la Biblia presenta, si no nos perdemos la continuación de las familias, si nos aburrimos o nos cansamos de leer un buen número de nombres raros. Para los judíos, este tipo de lectura era muy importante, pues en ella se daban cuenta si eran parte de la nación de Israel o no. También se daban cuenta por medio de las genealogías cual era el rol que les había tocado entre su pueblo.

Entonces, cuando Mateo comienza su Evangelio con las palabras: *"Libro de la genealogía de Jesucristo"*, asegura el mesianismo del Señor Jesús. Cuando leemos en el Nuevo Testamento acerca de Cristo Jesús, nos damos cuenta que: "La palabra Cristo, de origen griego, proviene de la hebrea mesías. Cuando los cristianos dicen Jesucristo, en realidad están afirmando que Jesús de Nazaret es el único Mesías de esta historia y el Cristo de su fe. En este sentido se dice que es único e irrepetible".[182] A Mateo le debemos gran parte de este énfasis en la vida y el ministerio de Jesucristo, pues, desde el principio de su Evangelio, no solo asegura y confirma que el niño que nació en Belén de Judea cuyos padres fueron María y José, era el Mesías de Dios, el cual iniciaba una nueva era entre los seres humanos comenzando desde la tierra prometida a los israelitas.

---

[181] I Crónicas 2:9-16, (RV1960).

[182] Aleteia. Espiritualidad: *El mesianismo de Jesús y las falsas expectativas.* (La Habra, California. Internet. Consultado el 7 de diciembre de 2019), 1. https://es.aleteia. org/2014/08/25/el-mesianismo-de-jesus-y-las-falsas-expectativas/

Una vez más, notemos que Mateo comienza con la genealogía de Jesucristo. Hace mención del "registro de sus antepasados según la carne;...".[183] Esta misma expresión: *Genealogía de Jesucristo*, "también podría traducirse: *Libro del Nacimiento*, ya que el original griego dice: *Biblos geneseos* = libro del génesis".[184] Así que, pensando en que el Mesías Jesucristo que nació en Belén de Judea con el fin de terminar una Era; la Era de la ley Mosaica, y comenzar una nueva: la Era Cristiana, en la cual la salvación por gracia y la fe en Jesucristo son las bases fundamentales y únicas para el desarrollo de esta nueva Era. Además: "Es curioso que tanto el Antiguo Testamento como el Nuevo comiencen con un Libro del Génesis".[185]

¡El bebé de Belén de Judea comenzó su ministerio terrenal haciendo cambios! ¡Cambios bien definidos! Es por eso que, cuando tú y yo aceptamos a Jesucristo como nuestro salvador personal, debe existir un cambio radical porque el que está en Cristo, es una nueva persona. ¡Es un cambio radical que solo el que nació en Belén de Judea en tiempos el rey Herodes y de acuerdo a las profecías bíblicas puede hacer!

Volvamos al Evangelio de Mateo y notemos que: "Las palabras *'genealogía'* en 1:1, *'nacimiento'* en 1:18, y *'nació'* en 2:1 traducen la idea de *'génesis'*;.... Así, a través de estos dos capítulos se enfoca el origen divino-humano de Jesucristo".[186]

---

[183]   Matthew Henry. *Comentario Exegético Devocional a Toda la Biblia: Mateo.* Trd. Francisco Lacueva. (Terrassa (Barcelona), España. Editorial CLIE. 1984), 9

[184]   Matthew Henry. *Comentario Exegético Devocional a Toda la Biblia: Mateo.* Trd. Francisco Lacueva. (Terrassa (Barcelona), España. Editorial CLIE. 1984), 9

[185]   Matthew Henry. *Comentario Exegético Devocional a Toda la Biblia: Mateo.* Trd. Francisco Lacueva. (Terrassa (Barcelona), España. Editorial CLIE. 1984), 9

[186]   El Expositor Bíblico: *La Biblia, libro por libro: Génesis y Mateo.* (El Paso, Texas. Casa Bautista de Publicaciones. 1992), 196.

Como humano, su historia comienza en el pueblo llamado Belén, que en su tiempo era una población en la provincia romana de Judea. Allí es donde, en cumplimiento de las profecías bíblicas, los términos que usa Mateo: "genealogía", "*nacimiento*" y "*nació*", se cumplen al cien por ciento en Jesucristo. ¡El nació para salvar! Por eso su nombre es JESUS.

II.- El Mesías –*Mašiah*- Ungido.

Mateo escribió su Evangelio para los judíos. Entonces, es a ellos que les afirma que el Mesías que estaban esperando era el niñito nacido en Belén de Judea en tiempos de rey Herodes.

Es pues interesante notar que Mateo comienza su Evangelio haciendo mención de 42 familias en una triple genealogía bien estructurada para probar que Jesucristo es el Mesías esperado por la nación de Israel. Mateo dice:

> "Así que hubo en total catorce generaciones desde Abraham hasta David, catorce desde David hasta la deportación a Babilonia, y catorce desde la deportación hasta el Cristo".[187]

Como mencioné antes, para los judíos las genealogías eran y son de mucha importancia. Ellos "tenían un interés tremendo en las genealogías. … La razón de este interés en los pedigrís *(genealogías)* era que los judíos daban la mayor importancia a la pureza de linaje. Si hubiera en alguna persona la más ligera mezcla de sangre extranjera, perdería su derecho de ciudadanía como judía y como miembros del pueblo de Dios".[188] El

---

[187]   Mateo 1:17, (NVI).

[188]   William Barclay. *Comentario al Nuevo Testamento: Volumen I: Mateo.* (Terrassa (Barcelona), España. Editorial CLIE. 1997), 24.

texto de Mateo 1:1, dice que el Mesías Jesucristo era *hijo del rey David.* Así que: "Mateo no intenta dar una genealogía innecesaria, sino que tiene un objetivo bien definido: probar que el Señor Jesús es el *hijo de David,......*de la nación y de la familia de las que había de salir el Mesías".[189] Ahora bien, esta declaración es muy importante porque afirma lo que ya hemos comentado sobre el Mesías Jesucristo, su humanidad. Es decir que: "Su humanidad se manifestó en su ascendencia davídica".[190] De acuerdo al Evangelio de Mateo, ¡Jesucristo es el Mesías Salvador del mundo y al mismo tiempo es el Rey de los judíos! Entonces, pues, el niñito que nació del vientre de María en uno de los establos de Belén de Judea, ¡es el Mesías Salvador! ¡Es Jesucristo nuestro Señor y Dios!

Fue en ese estado humano que llegó, en el vientre de su madre María, a Belén de Judea y allí, en los terrenos menos hospitalarios para un Rey como lo era Jesucristo, se presenta al mundo desde un pesebre. Los ángeles celestiales se gozan porque la humanidad ya tiene un Salvador y esa alegría la comparten con los pastores de la región los cuales ven en aquel niñito la confirmación de su esperanza mesiánica y, entonces, le adoran. En ese tiempo, para los pastores de Belén fue el Tiempo Más Hermoso del Año. – *(It was Most Wonderful Time of The Year).*

¡Ah, sí entendiéramos a profundidad la maravilla del hijo de David, también lo adoraríamos! ¡Ah, sí sintiéramos el gozo que tuvieron los pastores de Belén al saber que había entre

---

[189]   Matthew Henry. *Comentario Exegético Devocional a Toda la Biblia: Mateo.* Trd. Francisco Lacueva. (Terrassa (Barcelona), España. Editorial CLIE. 1984), 9

[190]   El Expositor Bíblico: *La Biblia, libro por libro: Génesis y Mateo.* (El Paso, Texas. Casa Bautista de Publicaciones. 1992), 196.

ellos su esperanza de salvación, también dejaríamos de hacer nuestros deberes y correríamos para adorarlo! El niño nacido en Belén de la genealogía del rey David, es el Salvador del mundo; es el Mesías de los judíos, pues es el ungido de Dios, y al mismo tiempo quiere ser tu Salvador y Rey en tu vida. ¡Nació en la familia real para ser Rey! ¡Nació para ser nuestro Rey! ¡Nació para llevar el nombre JESUS – Salvador! A él es al único que debemos postrarnos en adoración y reverencia: ¡Es el hijo de David! ¡Es el Rey Universal!

III.- El Mesías unificador.

El Mesías del que habla Mateo también es de la descendencia de Abraham, pues, además de ser *'hijo de David'*, también es: *"… hijo Abraham"*. Cuando Mateo hace esta declaración: *"hijo de David, hijo de Abraham"*, no solamente vuelve a reafirmar la divinidad y la humanidad del Señor Jesús sino que, también, hace el enlace para mostrar que el niño nacido en Belén de Judea es el Mesías Salvador; es decir, el que a través de su ministerio terrenal y divino, le hace honor a su nombre Jesús, el cual significa: Salvador.

Este texto de Mateo 1:1

"… puede que nos parezca un pasaje sin importancia, pero para un judío contiene un asunto de máxima importancia: el que la genealogía de Jesús se pudiera trazar hasta Abraham",[191] afirma y confirma que de acuerdo a la promesa hecha a Abraham, el mismo Dios tomó forma humana con

---

[191]   William Barclay. *Comentario al Nuevo Testamento: Volumen I: Mateo*. (Terrassa (Barcelona), España. Editorial CLIE. 1997), 25

el fin de rescatar a la humanidad de la esclavitud satánica. La Biblia dice que cuando Jesús nació, José, estaba confundido y no sabía qué hacer. Un ángel se le apareció y le dijo que María daría a luz un hijo y debería de llamar JESUS porque él salvaría al pueblo de sus pecados. Así que cuando Jesús nació, "le puso por nombre JESÚS".

Y luego el relato bíblico agrega diciendo que:

"Había pastores en la misma región, que velaban y guardaban las vigilias de la noche sobre su rebaño. Y he aquí, se les presentó un ángel del Señor, y la gloria del Señor los rodeó de resplandor; y tuvieron gran temor. Pero el ángel les dijo: No temáis; porque he aquí os doy nuevas de gran gozo, que será para todo el pueblo: que os ha nacido hoy, en la ciudad de David, un Salvador, que es CRISTO el Señor".... Cumplidos los ocho días para circuncidar al niño, le pusieron por nombre JESÚS, el cual le había sido puesto por el ángel antes que fuese concebido".[192]

¡Maravillosa lectura bíblica que afirma que el niño nacido en Belén de Judea, del cual Mateo dice que es hijo de Abraham, es el Salvador del mundo! Para la Biblia no existe confusión sobre este ministerio del Mesías Jesús: ¡Él es el Salvador de toda la raza humana! Tampoco para el Evangelista Mateo existe la duda del ministerio salvífico de Jesucristo, pues: "Mateo cita muchos libros del Antiguo Testamento para hacer

---

[192] Mateo 1:20-21, 25; Lucas 2:9-11' 2:21, (RV1960).

más sólida la declaración de que Jesús es el 'cumplimiento' del Mesías prometido, el salvador del mundo".[193]

Ahora bien, Jesucristo, en su papel de unificador del Antiguo y el Nuevo Testamentos, cumplió las profecías hechas sobre su persona y sobre su ministerio. Por ejemplo, cuando Mateo dice que Jesucristo era el hijo de Abraham, asegura proféticamente que el hijo de Abraham "había de ser el padre de muchas naciones".[194] Para consolidar esta profecía, Mateo, en la genealogía que presenta acerca de Jesucristo, hace mención por nombre de cuatro mujeres: Tamar, Rahab, Rut y María. También hace referencia a Betsabé, la mujer de Urías heteo. En otro mensaje haré énfasis en ellas, lo que hoy quiero que entendamos es que el Mesías Unificador, el que le puso fin al cumplimiento del Antiguo Testamento y comenzó un Nueva Era; la Era en que todas las familias de la tierra, ya no solo la nación de Israel sino todas las familias de la tierra pueden ser bendecidas y benditas en la descendencia de Abraham.

También debemos hacer notar que: "Solamente dos veces hallamos en la Biblia la frase. 'El libro de las generaciones' aplicada respectivamente al 'Primer Adán' (en Gén 5:1), y al Segundo Adam (en Mat.1:1) y acerca de este Segundo Adam, bien dijo –el profeta – Isaías preguntando: "¿Su generación, quién la contará?",[195] ya que es una generación de millones

---

[193] *Nota en la Biblia de Estudio Arco Iris.* Edición "Bold Line" con cada versículo en su propio color. (Corea. Broadman & Holamn Publishers. Nashville. Rainbow Studies, Ing. El Reno, Oklahoma. 1996), 1031.

[194] Matthew Henry. *Comentario Exegético Devocional a Toda la Biblia: Mateo.* Trd. Francisco Lacueva. (Terrassa (Barcelona), España. Editorial CLIE. 1984), 9

[195] B. H. Carroll. *Comentario Bíblico: Los cuatro evangelios (I): Número 6.* Td. Sara A. Hale. (Terrassa (Barcelona), España. Editorial CLIE. 1986), 80.

de millones. Es decir que, desde que el niño de Belén, del que Mateo dice que es *hijo de Abraham*, hasta la fecha, los bendecidos con la gracia y el perdón salvador del descendente de Abraham, Cristo Jesús, ¡somos millones! El escritor del Apocalipsis dice que vio una gran multitud vestida de ropas blancas. Notemos sus palabras:

"Después de esto miré, y apareció una multitud tomada de todas las naciones, tribus, pueblos y lenguas; era tan grande que nadie podía contarla. Estaban de pie delante del trono y del Cordero, vestidos de túnicas blancas y con ramas de palma en la mano. Gritaban a gran voz:

'¡La salvación viene de nuestro Dios, que está sentado en el trono, y del Cordero!'".[196]

Sin lugar a dudas, Jesucristo, el *hijo de Abraham*, ¡es el Mesías Unificador! Es el *hijo de Abraham*, el niñito que nació en Belén de Judea, el Único que puede unir en su amor infinito a todas las razas de todos los tiempos. Él es, ¡Jesucristo, nuestro Salvador!

El Mesías de Mateo 1:1, quien es *hijo de David* e *hijo de Abraham*, es la persona divina que exalta a la mujer sin importar su condición moral o social o de raza. "Rahab era cananea, y además prostituta, y Rut era moabita; pero en Jesucristo, en cuanto a la salvación, *ya no hay judío ni griego; los que son extranjeros y forasteros son bienvenidos,....., a la ciudadanía de los santos*".[197]

---

[196]   Apocalipsis 7:9-10, (NVI).

[197]   Matthew Henry. *Comentario Exegético Devocional a Toda la Biblia: Mateo.* Trd. Francisco Lacueva. (Terrassa (Barcelona), España. Editorial CLIE. 1984), 10

Jesucristo, el hijo de Abraham, no solo exalta y rescata a las personas, sino que también las pone, es decir, las unifica en la Familia de Dios. Jesucristo, el *hijo de Abraham*, ¡es el Mesías que vino para unir a la humanidad y ponerla en una sola familia, la Familia de Abraham! El apóstol Pablo dice que: "*... la Escritura, previendo que Dios había de justificar por la fe a los gentiles, dio de antemano la buena nueva a Abraham, diciendo: En ti serán benditas todas las naciones. De modo que los de la fe son bendecidos con el creyente Abraham".*[198]

¿Lo notaron? "La buena noticia del evangelio le fue anunciada a Abraham en forma de promesa (Gn 12:3) En ti serán benditas todas las naciones".[199] Una promesa que se cumple desde Belén hasta el Calvario; ¡Una promesa que se cumple en Cristo Jesús! Una promesa hecha realidad desde el pesebre de Belén de Judea hasta nuestros días.

Así que, cuando Mateo dice que Jesucristo es el *hijo de Abraham*, anuncia a los judíos y a nosotros que el niño de Belén, contra todos los pronósticos, es el Mesías de Dios. Es Dios mismo que tomó la forma humana.

Hermanos, hermanas en Cristo Jesús, estamos unidos en la Familia de Dios porque el hijo de la descendencia del patriarca Abraham, ha cumplido todas las profecías mesiánicas y la promesa que dice: "En ti serán benditas todas las familias de la tierra",[200] se ha cumplido en el Mesías JESUS llamado

---

[198] Gálatas 3:8-9, (RV1960).

[199] *Nota de pie de página en la Biblia de Estudio Esquematizada.* Reina Valera 1960. (Impresa en Brasil. Sociedades Bíblicas Unidas. 2010), 1755

[200] Génesis 12:3.

el Cristo. Es por eso que, en estos días en que celebramos la Navidad de Jesucristo, podemos decir que estos son los más maravillosos tiempos o días del año. ¡Jesucristo el hijo de Abraham nació para salvarnos! ¡Esto es lo que hace de estos días un tiempo más maravilloso del año! ¡Gloria a Dios!

Conclusión.

Sé que para algunos estos días navideños les causa nostalgia. También me doy cuenta que algunos no tienen familiares con quien celebrar y entonces, estos días que deben ser de alegría y llenos de luces, se opacan por la ausencia de la convivencia familiar.

Pero, hoy, les invito a que hagamos un esfuerzo emocional recordando que: "Jesucristo, el hijo de David, y también hijo de Abraham", cumplió con todas las profecías mesiánicas con el fin de unirnos a la Familia de Dios.

Así que, has de estos días navideños los días más maravillosos del año y comienza por darle un fuerte abrazo a tu hermano que está a tu lado, porque ahora es el tiempo más hermoso del año.

¡Amén!

NACIMIENTO ÚNICO

"El nacimiento de Jesús, el Cristo, fue así: Su madre, María, estaba comprometida para casarse con José, pero, antes de unirse a él, resultó que estaba encinta por obra del Espíritu Santo. Como José, su esposo, era un hombre justo y no quería exponerla a vergüenza pública, resolvió divorciarse de ella en secreto.

Pero, cuando él estaba considerando hacerlo, se le apareció en sueños un ángel del Señor y le dijo: «José, hijo de David, no temas recibir a María por esposa, porque ella ha concebido por obra del Espíritu Santo".

Mateo 1:18-20, (NVI).

Introducción.

Paul R. Van Gorder cuenta el siguiente relato. "Durante el vuelo, los pasajeros de las líneas aéreas oyen frecuentemente estas palabras: 'Por favor, abróchense los cinturones. Puede que encontremos alguna turbulencia.' Incluso los grandes reactores volando a gran altura pueden encontrase con duras condiciones de vuelo. Oí de un Jumbo que fue sacudido de tal manera que tuvo que hacer un aterrizaje de emergencia".[201]

¡Turbulencias! A nadie nos gusta y menos a treinta y cinco mil pies de altura (10,668.00m). ¿Saben qué? Les tengo una mala noticia. En los inicios del Siglo Primero de

---

[201] Paul R. Van G. *Turbulencia en las Alturas*. Nuestro Pan Diario. Td. Santiago Escuain. (Grand Rapids, Michigan. Publicado por M.C.E. Horeb. Devocional del día 9 de diciembre).

la Era Cristiana, el Evangelista Mateo provocó por lo menos dos "turbulencias" a sus contemporáneos aun sin subirse a un avión. Se las causó a la joven judía de nombre María y también a su prometido de nombre José. Es más, el relato que hace Mateo sobre el Nacimiento Virginal de Jesús sigue causando turbulencias teológicas en nuestros días.

¿Cómo fueron esas "turbulencias" que causó el Evangelista Mateo? Vayan conmigo a la Escritura y veamos parte de las "turbulencias" y sus consecuencias humanas y divinas.

I.- Concepción divina en tela de duda.

El nacimiento virginal es uno de los temas menos propagados en la teología de nuestros tiempos. Pensar de una manera teológica y racionalista el nacimiento virginal de Jesús como un evento o *"Nacimiento Único"*, es algo controversial en el Campo Teológico contemporáneo. ¡Es una turbulencia académica!

Lo que les quiero decir es que, en estos días de fiesta; hoy que *es el más hermoso tiempo del año*, entramos a una idea complicada: El nacimiento virginal. La concepción divina de la que hablan los evangelios es puesta en tela de duda. Es una "doctrina que ha sido rechazada en círculos protestantes en el siglo pasado".[202] Volvamos a leer las palabras de Mateo, él dijo: *"El nacimiento de Jesús, el Cristo, fue así: Su madre, María, estaba comprometida para casarse con José, pero, antes de unirse a él, resultó que estaba encinta por obra del*

[202] J. I. Packer. El conocimiento del Dios Santo: Con guía de estudio. Td. Eugenia Chinchilla. (Miami, Florida. Editorial Vida. 2006), 67

Espíritu Santo".[203] Claramente "este pasaje nos habla de que Jesús nació por la acción del Espíritu Santo. Nos habla de lo que llamamos el Nacimiento Virginal".

Y sin embargo, en nuestro tiempo: "Hay algunos que no creen en el Nacimiento Virginal. El Arrianismo enseña que la 'virgen' de Isaías 7:14 debe traducirse 'mujer joven', y que en algún momento, Dios creó a Jesús. Los ebionitas, una secta cristiana judía temprana que siguió de cerca la ley judía, enseñaron que Jesús era hijo biológico de José y que..., Dios lo escogió para ser un profeta y le ungió con el Espíritu Santo. Los gnósticos, que creían que lo físico y lo divino no podrían coexistir, afirmaron que Dios no podía habitar un cuerpo material; por lo tanto, Jesús sólo parecía ser humano".[204] En el siglo XIX, cuando aparece la teología moderna, niega "la posibilidad de cualquier intervención milagrosa en el curso de la historia, y no puede... admitir la realidad histórica del Nacimiento Virginal. Según las opiniones modernas, Jesús era realmente el hijo de José y María...; la historia de su Nacimiento Virginal concordaba con los mitos referentes a los nacimientos extraordinarios de los héroes de otras naciones; -además, dicen los teólogos modernistas que- el texto original de los Evangelios no decía nada del Nacimiento Virginal".[205]

---

[203] Mateo 1:18, (NVI).

[204] TRUTH. *¿Cuál es la importancia del nacimiento virginal de Jesucristo?* (La Habra, California. Internet. Consultado el 13 de diciembre de 2019), 1. https://www.compellingtruth.org/Espanol/nacimiento-virgen-Jesucristo.html

[205] Enciclopedia Católica Online. *Nacimiento Virginal de Cristo.* (La Habra, California. Internet. Consultado el 13 de diciembre de 2019), ¿? https://ec.aciprensa.com/wiki/Nacimiento_Virginal_de_Cristo

¿Qué hay en el fondo de la mente humana? Bueno: "No es de sorprender que a la persona que piensa le resulta difícil creer en el evangelio de Jesucristo, porque las realidades a que se refiere sobrepasan el entendimiento humano".[206] Para la mente que razona no puede creer que Jesús haya alimentado a miles de personas con poco alimento; no puede creer que sea posible caminar sobre las aguas en plena tempestad; en esa mente pensante no puede aceptar una resurrección corporal. Y, cuando se trata del Nacimiento Virginal, los racionalistas, se preguntan: ¿Se pueden violar las leyes biológicas?

¿Qué es lo que notamos? Que el Nacimiento Virginal, además de ser un Nacimiento UNICO, es también una turbulencia académica.

Volvamos al Evangelio de Mateo y su relato del nacimiento de Jesús el Mesías prometido por Dios mismo, primeramente para la nación de Israel y segundo, para ser el Salvador del mundo. Mateo dice: *"El nacimiento de Jesús, el Cristo, fue así: Su madre, María, estaba comprometida para casarse con José, pero, antes de unirse a él, resultó que estaba encinta por obra del Espíritu Santo".*[207] ¿Qué más encontramos en estas palabras de Mateo? "Aquí encontramos lo que el apóstol Pablo llamó "el gran misterio de la piedad: ¡La encarnación!, Pablo dice:

"E indiscutiblemente, grande es el misterio de la piedad: Dios fue manifestado en carne, Justificado en el Espíritu, Visto de los ángeles,

---

[206] J. I. Packer. *El conocimiento del Dios Santo: Con guía de estudio.* Td. Eugenia Chinchilla. (Miami, Florida. Editorial Vida. 2006), 67.

[207] Mateo 1:18, (NVI).

Predicado a los gentiles, Creído en el mundo, Recibido arriba en gloria".[208] *La Traducción Del Lenguaje Actual*, dice: "No hay duda de que es muy profunda la verdad de la religión cristiana: Cristo vino al mundo como hombre. El Espíritu lo declaró inocente. Los ángeles lo vieron. Su mensaje se anunció entre las naciones, y el mundo creyó en él. Fue llevado al cielo y Dios lo colmó de honores".[209]

Notemos que lo que el apóstol Pablo está diciendo es que Jesús es, además de divino, también lo es humano. Al decir: "Dios fue manifestado en carne", Pablo: "Desde el mismo principio subraya la humanidad verdadera de Jesús".[210] Las palabras de Pablo nos llevan a pensar que "Jesucristo es la gran verdad revelada de la fe cristiana".[211]

En resumen, creo que, aunque algunos nieguen el Nacimiento Virginal tal y como lo presentan los evangelios, es decir, aunque para ellos sea una turbulencia académica: "La encarnación constituye en sí misma un misterio insondable, pero le da sentido a todo lo demás en el Nuevo Testamento".[212] Es decir que, el niño que nació en Belén de Judea del vientre de la joven María es una obra maravillosa y al mismo tiempo una acción misteriosa del Espíritu Santo.

---

[208] I Timoteo 3:16 - Biblia Reina Valera 1960.

[209] 1 Timoteo 3:16 - Biblia Traducción en Lenguaje Actual.

[210] William Barclay. *Comentario al Nuevo Testamento: 1ra y 2da Timoteo, Tito y Filemón. Volumen 12*. Alberto Araujo (Terrassa (Barcelona), España. Editorial CLIE. 1998), 114.

[211] Comentario en la Biblia de Estudio Sistematizada. 1806.

[212] J. I. Packer. *El conocimiento del Dios Santo: Con guía de estudio*. Td. Eugenia Chinchilla. (Miami, Florida. Editorial Vida. 2006), 70.

II.- Concepción divina con temor.

El relato del nacimiento de Jesucristo, el hijo de David e hijo de Abraham que presenta el evangelista Mateo, después de anunciar su genealogía humana, relata el cómo fue la concepción de la joven María y, dice: *"El nacimiento de Jesús, el Cristo, fue así: Su madre, María, estaba comprometida para casarse con José, pero, antes de unirse a él, resultó que estaba encinta por obra del Espíritu Santo"*.[213] Mateo da por hecho la concepción divina, pero, es el Evangelista Lucas el que nos relata los hechos de la entrevista o visita que le hizo el mensajero de Dios a María. Lucas dice lo siguiente:

"A los seis meses, Dios envió al ángel Gabriel a Nazaret, pueblo de Galilea, a visitar a una joven virgen comprometida para casarse con un hombre que se llamaba José, descendiente de David. La virgen se llamaba María. El ángel se acercó a ella y le dijo: -¡Te saludo, tú que has recibido el favor de Dios! El Señor está contigo.

Ante estas palabras, María se perturbó, y se preguntaba qué podría significar este saludo. No tengas miedo, María; Dios te ha concedido su favor -le dijo el ángel-. Quedarás encinta y darás a luz un hijo, y le pondrás por nombre Jesús".[214]

¡También a María le tocó la turbulencia! Como es natural, la joven María, confundida por la noticia que le daba el ángel y estando segura de que era virgen sexualmente tuvo que hacer la pregunta lógica humanamente: *"¿Cómo será esto? Pues no*

---

213   Mateo 1:18, (NVI).

214   Lucas 1:26-31, (Biblia Nueva Versión Internacional 1999).

conozco varón".[215] Ahora quiero que notemos la respuesta del mensajero de Dios. El evangelista Lucas registró sus palabras, las cuales fueron: "*Respondiendo el ángel, le dijo: El Espíritu Santo vendrá sobre ti, y el poder del Altísimo te cubrirá con su sombra; por lo cual también el **Santo Ser** que nacerá, será llamado Hijo de Dios*".[216] Notemos que el énfasis no está en la virginidad de María sino en el "*Santo Ser*" que estaba por nacer.

¿Qué nos enseña este relato bíblico? Además de que nos asegura el Nacimiento Virginal de Jesucristo, también nos dice que: (1) Jesucristo, desde la eternidad pasada era Santo. (2) Que Jesucristo, en su nacimiento, allá en el sucio y muy contaminado pesebre de Belén en la provincia de Judea, siguió siendo Santo. (3) Que Jesucristo, mientras estuvo entre sus contemporáneos permaneció en santidad. (4) Que Jesucristo en la Era Contemporánea es Santo y (5) que en la eternidad futura será el "*Santo Ser*" que nació en un humilde pesebre en Belén de Judea. Que nació del vientre virgen de una joven judía. Que llegó a este mundo porque así lo planearon en la eternidad pasada la Santa Trinidad. ¡Esta es una turbulencia teológica!

La verdad que tenemos en los relatos bíblicos nos demuestra que la encarnación, a Jesucristo, no le quitó absolutamente nada de la santidad. Su ministerio terrenal no le quitó su santidad. El "*Santo Ser*" que nació del vientre de María: Estuvo entre los leprosos; estuvo entre los publicamos como Mateo; convivió con ladrones como lo era zaqueo;

---

215   Lucas 1:34, (RV60).

216   Lucas 1:35 Reina-Valera 1960 (RVR1960). Las negritas e itálicas son mías.

platico y convivió con incrédulos como lo era Tomás; se rodeó de cobardes como lo fue Juan Marcos quien lo abandonó en el huerto cuando fue arrestado; perdonó a una mujer adúltera; dejó que una mujer pecadora tocara y besara sus pies; caminó al lado de traicioneros como lo fue Judas y aquellos a los que les dio de comer y muchos de los que fueron sanados y que después estaban gritando ante Pilato: "¡Crucifícale! ¡Crucifícale!". Jesús estuvo ante los hipócritas como lo fueron los sumos sacerdotes Anás y Caifás. Jesucristo se movió y convivió entre toda esta gente y sin embargo, ¡siempre fue el "*Santo Ser*" que nació en el sucio pesebre de Belén de Judea! ¡Él es Santo! Es este "*Ser Santo*" que hasta el día de hoy sigue causando turbulencias académicas.

El Todo "*Santo Ser*" llegó desde la Santidad del Cielo a la podredumbre de un mundo en caos. Llegó a un mundo lleno de pecado. Llegó para hacernos santos. La llegada del "*Santo Ser*" a esta tierra en Belén de Judea no solamente le quitó el temor a la joven virgen sino que su llegada a este infeliz mundo le dio un fuerte motivo para que estos días del año fuesen los más hermosos tiempos: ¡Es tiempo de gozo! ¡Estos días son para anunciar con corazones alegres que Jesús nació en Belén de Judea! ¡Fuera todo temor! ¡El "*Santo Ser*" llegó para darnos alegría y gozo! Por eso, *este es el más hermoso tiempo de todo el año*. ¡Hay que disfrutarlo!

III.- Temor cambiado en gozo.

Si la joven María estaba con temor por dos fuertes razones: el anuncio que le hizo el ángel de que sería la madre de un "*Ser Santo*" y por el hecho de ser madre virgen, José, no estaba disfrutando de las agradables noticias, ¡también estaba con temor! ¡Estaba sintiendo la turbulencia de sus días! Fue una situación que le causó temor al saber que sería padre pero que al mismo tiempo no lo era padre. ¡Era una situación complicada! ¡A José también le tocó la turbulencia!

La Biblia dice que: *"Como José, su esposo, era un hombre justo y no quería exponerla a vergüenza pública, resolvió divorciarse de ella en secreto".*[217] ¿Cómo es eso? ¡José piensa divorciarse de María aun cuando todavía no están casados! ¡Eso no es lógico! Y, además, lo quiso hacer en secreto. "El Código Babilónico de Eshnunna (que data más o menos del 2000 A.C.) declara: 'Si un hombre toma la hija de (otro) hombre sin pedir el permiso de su padre y de su madre y no establece un contrato matrimonial formal con su padre y con su madre, aunque vivan en su casa durante un año, ella no será su esposa".[218] Este Código no aplicaba a las leyes de los judíos en los tiempos de Cristo. Pues, "Según la costumbre de los judíos de aquel tiempo, el noviazgo era un compromiso matrimonial, hecho algún tiempo antes del casamiento, el cual solo podía ser disuelto por el divorcio. José y María ya estaban comprometidos, pero aún no se habían casado".[219] Así que, cuando José piensa en un divorcio, lo hace bajo su cultura y sintiendo el temor de la turbulencia en la que se encontraba.

Ahora bien, cuando José se entera de que su novia-esposa está embarazada, el temor se apodera de él no la ira, pues la Biblia dice que José era un hombre justo. ¿Y el hecho de que

---

[217] Mateo 1:19, (NVI).

[218] Michael J. Wilkins. *Comentarios Bíblicos con Aplicación: Mateo. Del texto bíblico a una aplicación contemporánea.* (Nashville, TN. Editorial Vida. 2016), 72

[219] Nota en la Biblia de Estudio Esquematizada. 1382.

sea *"justo"* qué tiene que ver con el temor y no con la ira? Se los explico más adelante. Antes, pensemos en esto. José: "Ignorante de la razón de la condición de María y sacando la conclusión natural, esto es, que María le había sido infiel, José no podía encontrar la manera de llevar a María a casa y vivir con ella en la acostumbrada relación matrimonial".[220] ¡José estaba en dilema muy serio! ¡La turbulencia se agrandaba!

Su situación se complica pues según el relato bíblico: "María estaba aproximadamente en su cuarto mes de embarazo. Ha pasado tres meses con Elizabeth su 'pariente' (Luc. 1:36, 56), pero regresa a Nazaret y descubre que está embarazada".[221] ¡Santo escándalo en Nazaret! Creo que son los momentos en que José debe de haber exclamado: ¡Trágame tierra! ¡La mujer que yo amo me ha sido infiel! ¡La turbulencia llegó más fuerte a su vida! José estaba en una turbulencia emocional que a todo novio o esposo no le gustaría estar. Estaba adolorido emocionalmente, pensaba de una manera lógica que su novia-esposa le había sido infiel. ¿De qué otra manera se podía pensar?

Ahora, ¿qué hacer? En un vuelo que hice con mi esposa desde la ciudad de México a los Ángeles, California, cuando estábamos a más de 10,600 metros de altura comenzó a llover. La lluvia y el fuerte aire hacía que el avión se ladera para un lado y otro y que hiciera los subes y bajas. ¡Estábamos en una turbulencia! Mi esposa y otros pasajeros, se agarraban

---

[220] Guillermo Hendriksen. *El Evangelio Según San Mateo: Comentario a del Nuevo Testamento*. Td. Humberto Casanova. (Grand Rapids, Michigan. Distribuido por T.E.L.L. 1986), 141.

[221] Michael J. Wilkins. Comentarios Bíblicos con Aplicación: Mateo. Del texto bíblico a una aplicación contemporánea. (Nashville, TN. Editorial Vida. 2016), 73.

fuertemente a los asientos y salían de su boca exclamaciones como: "Ay, Dios santo". Oh, sencillamente exclamaciones como: "¡Ay! ¡Ay! Encomendarse a Dios y algunos a sus santos preferidos, además de las exclamaciones de temor, fue lo que escuché en esos momentos de turbulencia. ¡No había otra cosa que hacer!

Ahora bien, ¿qué hizo José en su turbulencia? La Biblia dice que José era justo y en esa actitud debería de hacer lo correcto. Amaba a María. Lo que notamos en el relato bíblico es que José, además de ser un hombre justo, también era bondadoso. Él hubiera armado todo un escándalo, pues, de acuerdo a la cultura de su tiempo, José "tenía dos caminos que podía seguir: *a*. entablar una demanda judicial contra María, o *b*. entregarle una carta de divorcio, despidiéndola en silencio, esto es, no enredarla en un procedimiento judicial".[222]

Y es aquí en donde Dios interviene. Manda a su mensajero para que le cambie su manera de pensar. El Señor manda a su ángel para decirle que María no le ha sido infiel; El Señor mandó su ángel para quitarle todo temor a José y darle la alegría que se anticipaba porque estaba por nacer el *"Santo Ser"* y eso era motivo de alegría tanto en los Cielos como en la tierra. Es decir que, el mensajero de Dios llegó hasta la habitación de José porque en ese tiempo se acercaban los días más hermosos del año: ¡Jesucristo estaba por llegar a este mundo! La Biblia dice:

---

[222]   Guillermo Hendriksen. *El Evangelio Según San Mateo: Comentario a del Nuevo Testamento*. Td. Humberto Casanova. (Grand Rapids, Michigan. Distribuido por T.E.L.L. 1986), 141.

"Pero, cuando él estaba considerando hacerlo, se le apareció en sueños un ángel del Señor y le dijo: 'José, hijo de David, no temas recibir a María por esposa, porque ella ha concebido por obra del Espíritu Santo. Dará a luz un hijo, y le pondrás por nombre Jesús, porque él salvará a su pueblo de sus pecados'."[223]

¿Lo notaron? José, no solamente tuvo la bendición de ver nacer al *"Santo Ser"* del vientre de su novia-esposa en el pesebre de Belén de Judea sino que, también tuvo la bendición de ponerle el nombre que es sobre todo nombre: JESUS. El mensaje del Ángel del Señor deja muy claro que el nacimiento de Jesucristo es UNICO, no hay en el registro de la historia otro nacimiento igual. Las leyendas y las mitologías de los pueblos antiguos relatan nacimientos parecidos pero no iguales: El Nacimiento Virginal de Jesús es UNICO, como también su nombre es UNICO, aunque muchos hombres en la historia llevan el nombre Jesús, solamente el niño nacido en Belén de Judea le hace honor al nombre al cien por ciento. Y, la Biblia, lo confirma, al decir:

"Por eso Dios lo exaltó hasta lo sumo y le otorgó el nombre que está sobre todo nombre, para que ante el nombre de Jesús se doble toda rodilla en el cielo y en la tierra y debajo de la tierra, y toda lengua confiese que Jesucristo es el Señor, para gloria de Dios Padre".[224]

223   Mateo 1:20-21, (NVI).

224   Filipenses 2:9-11, (NVI).

Conclusión.

El Nacimiento Virginal de Jesús es UNICO. Y es el único que en estos días, además de que puede quitar los temores de las turbulencias que nos asechan, como se los quitó a María y a José, también hace de este tiempo el más hermoso del año. ¿Turbulencias emocionales? Puede que existan. ¿Turbulencias académicas? Existen, no las podemos ignorar. ¿Turbulencias familiares? Es posible que también existan. ¿Pero saben qué? ¡El *"Santo Ser"* nació en Belén de Judea para darnos valor y alegría en medio de toda clase de turbulencias!

Hermanos y hermanas en Cristo, ¡disfruten este tiempo! ¡Jesús nació en Belén de Judea para quitar toda raíz de amargura y toda angustia humana! ¡Es tiempo para reír! ¡Es tiempo para anunciar con fuerte voz: Jesús Nació en Belén de Judea conforme a las Escrituras! ¡Disfrutemos este tiempo!

¡Dios se hizo Carne! ¡Amén!

CONOCIMIENTO TRANSFORMADOR

"Cuando los ángeles se fueron al cielo, los pastores se dijeron unos a otros: 'Vamos a Belén, a ver esto que ha pasado y que el Señor nos ha dado a conocer'." Lucas 2:15, (NVI).

Introducción.

El escritor Dennis J, DeHaan, dice que: "El célebre académico cuáquero Rufus Jones un día estaba hablando acerca de la importancia de tener un rostro brillante. Después de su discurso, una mujer 'con una cara casi increíblemente fea' acudió a él y le preguntó qué haría él, si tuviera la cara como la de ella. Él contestó: 'Aunque tengo problemas de esta clase yo mismo, he descubierto que si la iluminas desde adentro, cualquier vieja cara es bastante buena'."[225]

No sé qué cara tenían los pastores de Belén de Judea. Lo que sí sé es que, de acuerdo al relato bíblico, sus caras fueron iluminadas con la brillante luz de las huestes celestiales que se les aparecieron mientras cuidaban sus rebaños. Y, junto con esa luz, recibieron un conocimiento que les cambió sus vidas para siempre. Aquellos humildes pastores, después de aquella visión angelical y de recibir un mensaje celestial confirmado por un hermoso canto, el gozo del Señor llenó su vidas y para ellos, aquella noche, aquella que nosotros llamamos: *"Noche Buena"*, ¡Fue el más hermoso tiempo del año!

---

[225] Dennis j. DeHaan. *Ordinario, pero hermoso.* Nuestro Pan Diario: Julio-Agosto-Septiembre-Octubre-Noviembre-Diciembre. (Grand Rapids, Michigan. Publicado por M. C. E. Horeb. Devocional del 7 de Diciembre).

¿Qué aprendemos de aquella experiencia pastoril? ¿Qué lecciones presentan el mensaje y el canto de los ángeles? Veo las caras de ustedes y creo que algunas necesitan un toque de la luz celestial para que sean iluminadas y muestren el gozo del Señor. Ese toque celestial lo podemos obtener si pensamos en la experiencia de los pastores de Belén. ¿De qué experiencia hablo? Hablo de una triple experiencia.

I.- Modelos de fe.

En otros mensajes he comentado que: "Los primeros en oír la noticia del nacimiento del Mesías Cristo Jesús fueron unos pastores de ovejas, que en aquel tiempo eran despreciados y vistos como mendigos y hasta ladrones".[226] Los pastores eran hombres, aunque también había mujeres, que la mayoría del tiempo se la pasaban viviendo en los valles y montañas cuidando a sus rebaños. Su vida pastoril era vivir entre sus rebaños.

Este tipo de gente, la noche en que Jesús nació, recibió un sorprendente mensaje de parte de un ángel. Inmediatamente después del mensaje angelical, escucharon el *Primer Canto de Navidad* por un coro de "una multitud de huestes celestiales, que alababan a Dios, y decían: ¡Gloria a Dios en las alturas, y en la tierra paz, buena voluntad para con los hombres![227] El mensaje angelical les conmovió hasta las entrañas y el *Canto Navideño* les provocó una fe sin igual que aquellos humildes pastores de Belén "se convirtieron en modelo de

---

[226] Comentario en la *Biblia de Estudio Esquematizada*. Reina Valera 1960. (Impresa en Brasil. Sociedades Bíblicas Unidas. 2010), 1492.

[227] Lucas 2:13-14, RV1960).

fe".[228] Creyeron en el mensaje angelical y fueron al pesebre. ¡Esto se llama fe! Creer y hacer.

"Una noche de abril, hace 277 años, se escuchó por primera vez la música sacra más maravillosa que se ha escrito". El famoso compositor musical de nombre *George Frederick Handel*, "el 13 de abril de 1742" se sentó frente al órgano y ante una ansiosa audiencia, "*El Mesías* vino al mundo". Esta obra musical es "la música sacra más maravillosa que se ha escrito".

"La música había sido para Handel el pasaporte al mundo desde el día en que su padre, un cirujano de la población alemana de Halle" visitó el Palacio del Duque Johann Adolf. En aquella visita, Handel, sin el permiso del Duque, tocó en el órgano de la Capilla del Palacio música improvisada. Ese fue su pasaporte a la fama y a la riqueza. Con 400 libras anuales pagadas por la reina Ana y el rey Jorge I – Cada uno le dio 200 libras-: "Con eso y con los ingresos que tenía de sus óperas, Handel –en 1713- era… el compositor mejor pagado del mundo".[229] Ser el número uno en la *Real Academia de la Música* ¡era lo máximo! Y G. F. Handel era el Número Uno.

Sin embargo, la oscuridad le llegó a Handel. Desde el año 1725, la lámpara del gran compositor comenzó a apagarse. "En 1737, a consecuencia del estrés y del exceso de trabajo, sufrió un ataque de perlesía y perdió el movimiento de cuatro dedos de la mano derecha". Fue tan notario su falta

---

[228] Comentario en la *Biblia de Estudio Esquematizada*. Reina Valera 1960. (Impresa en Brasil. Sociedades Bíblicas Unidas. 2010), 1492.

[229] El salario de Handel era de 400 Libras esterlinas (520.8 Dólares estadounidenses) al año más las regalías.

de inspiración musical que: "Federico II el Grande de Prusia escribió a sus reales primos de Inglaterra: 'Los días de gloria de Handel han quedado atrás. Ya no tiene inspiración, y su estilo resulta anticuado".

La Biblia dice que en la oscuridad de aquella noche en que nació el Salvador Cristo Jesús, un grupo de pastores se encontraban en las montañas cerca de Belén de Judea y de repente un ángel les iluminó la oscura noche. Inmediatamente después la oscuridad desapareció cuando una multitud de ángeles se presentaron ante los pastores y comenzaron a cantar lo que yo he llamado: "*El Primer Canto de Navidad*". Pues bien, Handel, en su ruina, en su oscuridad musical, un ángel de nombre *Charles Jennens* se le presentó con un pergamino que contenía textos bíblicos y le pidió a Handel que les pusiera música. "Handel se puso a trabajar... Inició *El Mesías* el 22 de agosto y lo terminó 23 días después". Así fue que "el 13 de abril de 1742,...*El Mesías* vino al mundo" y la alegría para Handel también llegó. Su vida fue iluminada nuevamente.

Algo similar a la multitud de los ángeles que se les aparecieron a los pastores de Belén le sucedió a Handel con su obra *El Mesías*. Por ejemplo, se dice que la primera vez que el rey Jorge II escuchó la música de *El Mesías*, no pudo contener su entusiasmo. Cuando sonaron las trompetas en el coro del *Aleluya*, se puso de pie... hasta la fecha, cuando los públicos de habla inglesa escuchan este coro, se ponen de pie".

El conocimiento que los pastores de Belén de Judea recibieron por parte de las huestes celestiales les produjo un cambio de mente: llegaron a ser un modelo de fe y... se llenaron de alegría. Para ellos, aquella noche en la que nació el Mesías prometido a Israel en los campos de Belén, fue *"El más hermoso tiempo del año"*. Para Handel, aunque: "Tuvo.... Sus fracasos, la fe que había recuperado le ayudó a componer la mejor música de que era capaz".[230] La llegada de su composición musical *El Mesías*, fue *"El más hermoso tiempo del año"*. ¡Handel, también fue un modelo de fe! Para nosotros, la celebración de la Navidad del *"Santo Ser"* que nació del vientre de María, debe ser... *¡El más hermoso tiempo del año!* Por consiguiente, debemos ser, también, modelos de fe.

II.- Fueron testigos de la Primera Navidad.

El evangelista Lucas, dice: "Hoy les ha nacido en la Ciudad de David un Salvador, que es Cristo el Señor".[231] "Los griegos aplicaban el título *sóter* (Salvador) a sus dioses; el termino también lo utilizaban para los filósofos (p. ej. Epicúreo) para los gobernantes (p. ej. Tolomeo I, Nerón), o para hombres que habían conferido beneficios importantes a su país. Pero en el Nuevo Testamento es un término estrictamente religioso que nunca se le atribuye a un simple hombre".[232] En el Nuevo Testamento este término griego *sóter*, solamente se le aplica a "Cristo el Señor".

---

230 David Berreby. *El hombre que compuso El Mesías*. Nota. Todos los párrafos de esta historia que se encuentran entre paréntesis, fueron copiados de la historia de Geroge Fedrick Handel que narra David Berreby. (USA. Selecciones Del Reader's Digest. Tomo CVI, Numero 637. Diciembre de 1993), 88-92.

231 Lucas 2:11, (NVI).

232 Nota de pie de página en la *Biblia de Estudio NVI Arqueológica: Un viaje ilustrado a través de la cultura y la historia bíblicas.* (China. Publicada por Editorial Vida, Miami, Florida. 2009), 1711-1712.

Entonces, pues, los pastores de Belén de Judea fueron testigos de *La Primera Navidad*. Ahora bien, ¿qué se enseñó en aquella *Primera Navidad* de Jesucristo? ¿Cuál fue el Primer Mensaje Navideño? El mensaje del Ángel del Señor tuvo por lo menos tres principales puntos. Después de que se presenta, a manera de introducción, a los pastores con una brillante luz, simbolizado la misma gloria de Dios, después de esta presentación, le dice las tres verdades más importantes acerca del Mesías que estaban esperando.

1.- *Que el niño nacido en el pesebre de Belén de Judea era el sóter; es decir, el Salvador.* Esta es la razón por la cual se le había dicho a José que el nombre del *"Santo Ser"* sería JESUS. Nombre que ya sabemos que significa SALVADOR (*Sóter*).

2.- *Que el niño nacido entre los animales que se refugiaban del frio de aquella Primera Navidad de Jesús, era el "Cristo".* También ya sabemos que el término griego *"Cristós"* (Χριστὸς), significa el UNGIDO. Una designación muy especial para los judíos, pues eran los reyes, los sacerdotes y algunos líderes nacionales quienes eran ungidos por los profetas por orden de Dios. Los ungidos de Dios tenían ministerios especiales. Cristo Jesús vino a este mundo con un ministerio muy especial, el evangelista Lucas dice que "Cristo vino a buscar y a salvar lo que se había perdido".[233]

3.- *Que el recién nacido en uno de los establos de Belén de Judea era "el Señor".* Aquí hay otro término griego de suma importancia: *"kúrios"* (Κύριος). Este término significa

---

[233] Lucas 19:10, (RV1960).

señor, dueño, amo. Este término se aplicaba a los emperadores romanos. Al llamarlos *kúrios*, le conferían toda autoridad sobre los gobernados.

Cuando el Evangelista Lucas le llama "*Señor*" al "*Santo Ser*" que nació de la joven judía llamada María, lo hace de una manera unida, dice: "CRISTO el Señor" (Χριστὸς κύριος)[234], y lo hace para indicarnos que el UNGIDO de Dios es "El Señor" y no simplemente otro señor.

"En estas lecturas –de Mateo y Lucas – nos hemos dando cuenta de la ruda sencillez que rodeo al nacimiento del Hijo de Dios. Tal vez habríamos esperado que,... nacería en un palacio o en una mansión señorial".[235] ¡Pero no fue así! Sin embargo, Él fue el bebito de Belén de Judea al que: "Dios Padre enalteció... de una forma trascendentalmente gloriosa. Lo levantó hasta la altura más excelsa. ... –El niño de Belén – fue 'hecho más sublime que los cielos' (Heb. 7:26), y 'subió por encima de todos los cielos' (Efs. 4:10). Esta superexaltación significa que recibió el honor y majestad, y que en consecuencia 'se sentó a la diestra del trono de Dios' (Mar. 16:19; Hech. 2:33; 5:31; Ro. 8:34; He. 1:3, 12:2)".[236] Llegó hasta esa posición porque ¡Él es el Señor!

¡Qué profundidad de este mensaje! Los pastores, mientras son testigos de *La Primera Navidad* del Señor Jesús, también recibieron un mensaje con una profundidad teológica que

---

234 Lucas 2:11, (RV1960).

235 William Barclay. *Comentario al Nuevo Testamento: Volumen 4: Lucas.* (Terrassa (Barcelona), España. Editorial CLIE. 1994), 39

236 Guillermo Hendriksen. *Filipenses: Comentario del Nuevo Testamento.* (Grand Rapids, Michigan. Publicado por Subcomisión Literatura Cristiana de la Iglesia Cristiana Reformada. Distribuido por T.E.L.L.. 1984), 127.

les cambió sus vidas. De allí en adelante ellos ya no fueron los mismos. El ángel les dijo que no tuvieran temor, sino que se llenaran de gozo, ¡que se alegraran! El *Primer Canto Navideño* alegra el corazón de los pastores y les hace correr para comprobar lo que han visto y escuchado.

¡Ah, bendito gozo del Señor! El "escritor argentino considerado una de las grandes figuras de la literatura en lengua española del siglo XX. –Que fue el - cultivador de variados géneros,... Jorge Luis Borges",[237] en sus últimos años de vida escribió un poema que tituló: *He cometido el peor de los pecados*. Parte de ese poema dice:

> *He cometido el peor de los pecados*
> *que un hombre puede cometer. No he sido*
> *feliz. Que los glaciares del olvido*
> *me arrastren y me pierdan, despiadados.*

> *Mis padres me engendraron para el juego*
> *arriesgado y hermoso de la vida,*
> *para la tierra, el agua, el aire, el fuego.*
> *Los defraudé. No fui feliz...."*[238]

"*No fui feliz*", es el lamento del poeta argentino. ¡Qué diferencia de los pastores de Belén! La Biblia dice que ellos regresaron a sus rebaños "glorificando y alabando a Dios". Otra expresión de lamento del poeta Borges es: "*Los defraudé*". Cuando tú y yo estamos celebrando la Navidad

---

[237]   Biografías y Vidas. *Jorge Luis Borges*. (La Habra, California. Internet. Consultado el 18 de diciembre de 2019), 1. https://www.biografiasyvidas.com/biografia/b/borges.htm

[238]   Jorge Luís Borges. *He cometido el peor de los pecados*. Poema publicado en el Internet el 10 de Noviembre de 2008.

2019 primeramente, ¡no te defraudes a ti mismo! ¡Hermana, no te defraudes! ¡No cometamos el pecado de no ser feliz! El gozo del Señor en esta Navidad es para cambiar tu vida de temor o de tristeza en gozo. En segundo lugar, ¡no hagas quedar mal a tus familiares y amigos! Hoy, en estos días navideños muestra la alegría que Dios ha puesto en tu vida. ¡Estos son los más hermosos tiempos del año! ¡Disfrútalos!

Desde aquella *Primera Navidad* en el pequeño pueblo de nombre Belén de Judea, los pastores se gozaron; sus corazones se llenaron de la alegría del Señor. ¡Disfrutaron de aquel tiempo! Para ellos, sin duda a equivocarme, *¡fueron los mejores tiempos del año!* El Salvador, Cristo Jesús nació en una noche como las que nosotros estamos viviendo. Así que, ¡a gozarnos juntamente con los pastores de Belén en esta Navidad!

III.- Testigos del origen que cambió la historia del mundo.

Les invito a que leamos este relato bíblico. "Así que fueron de prisa y encontraron a María y a José, y al niño que estaba acostado en el pesebre. Cuando vieron al niño, contaron lo que les habían dicho acerca de él, y cuantos lo oyeron se asombraron de lo que los pastores decían".[239] La Biblia tiene un conocimiento que transforma vidas de adentro hacia fuera.

Ya sabemos que los pastores fueron mensajeros de fe; también sabemos que fueron testigos de la Primera Navidad. Ahora, nos damos cuenta que aquellos humildes pastores de

---

[239] Lucas 2:16-18, (NVI).

Belén de Judea también fueron testigos del origen que cambió la historia del mundo. Cuando digo que cambió la historia me refiero a la cronología histórica, pues, cuando el Mesías Cristo Jesús nació, comenzó la *Era Cristiana*; y esta Era comienza con el año "0". Esta es la razón por la cual decimos que el patriarca Abraham vivió en el año 2000 a.c. y que Eleazar Barajas nació en el año 1952 d. de Cristo.

¡El niño de Belén cambió la cronología de la historia del mundo! Los pastores de Belén se dieron cuenta de este cambio, pues ellos también esperaban la llegada del Mesías, el enviado por Dios para cambiar la situación de la nación de Israel. La Biblia dice que: "… volvieron los pastores – después de ver al niño- glorificando y alabando a Dios por todas las cosas que habían oído y visto, como se les había dicho".[240] Así que: "En la tierra, los pastores se unen en la alabanza a Dios iniciada por los ángeles del cielo (v.13-14)".[241]

Se cuenta que: "Hubo una vez un monarca europeo que sorprendía y preocupaba a su guardia desapareciendo de vez en cuando para mezclarse de incógnito con la gente de su pueblo. Cuando le advirtieron que no lo hiciera por razones de seguridad, contestó:

- No puedo gobernar a mis súbditos a menos que sepa cómo viven".[242]

---

[240] Lucas 2:20, (RV1960).

[241] Nota en la *Biblia de Estudio Esquematizada. Reina Valera 1960.* (Impresa en Brasil. Sociedades Bíblicas Unidas. 2010), 1492.

[242] William Barclay. Comentario al Nuevo Testamento: Volumen 4: Lucas. (Terrassa (Barcelona), España. Editorial CLIE. 1994), 39.

El niño de Belén de Judea, el mismo que cambió la historia del mundo, por el hecho de ser Omnisciente, sabe cómo vivimos, pero también lo sabe porque el mismo vivió como ser humano ente nosotros. La Biblia dice que Jesucristo, "aunque existía en forma de Dios, no consideró el ser igual a Dios como algo a qué aferrarse, sino que se despojó a sí mismo tomando forma de siervo, haciéndose semejante a los hombres".[243] Allá, en la eternidad, había tomado esta decisión. Si el monarca europeo les dijo a sus guardias: "-No puedo gobernar a mis súbditos a menos que sepa cómo viven", Jesucristo debe de haber dicho: "La única manera de salvar a la humanidad es viviendo como ellos".

Así que, el *"Santo Ser"* que nació en Belén de Judea, para poder salvar a la humanidad, no solamente tuvo que nacer en un pesebre sino que, también tuvo que cambiar la historia del mundo. Su llegada a esta tierra marcó el final de una Era y el inicio de Otra. ¡Es una nueva Era! Y, con Cristo en tu vida, ¡Es un nuevo conocimiento transformador! Con justa razón la Biblia dice que el que está en Cristo es una nueva criatura.[244] Y de este cambio, los pastores de Belén fueron los primeros testigos. Y del cambio transformador que hace el poder que opera en el *"Santo Ser"* que nació en Belén, ¡nosotros somos testigos!

La mejor manera de dar testimonio de ese poder divino es que en estos días navideños glorifiquemos y alabemos a Dios, como lo hicieron los pastores, recordando que: ¡Este es el tiempo más hermoso del año! ¡Es el tiempo para reír y disfrutar del compañerismo familiar! ¡Dios se hizo hombre!

---

[243] Filipenses 2:6-7, (Nueva Biblia Latinoamericana).

[244] 2 Corintios 5:17.

Conclusión.

El mensaje angelical dado a los pastores de Belén de Judea comienza con estas palabras: "No tengan miedo. Miren que les traigo buenas noticias que serán motivo de mucha alegría para todo el pueblo".[245] "No temáis porque he aquí os doy nuevas de gran gozo", dice la Versión Reina Valera.

Así que el resultado del mensaje angelical y del *Primer Canto Navideño* produjo un cambio en los pastores de Belén de Judea; llegaron a ser modelos de fe; fueron testigos de *La Primera Navidad* de "Cristo el Señor", y también fueron testigos del cambio de la cronología del mundo. Ese cambio los llenó de alegría; el gozo del Señor saturó sus vidas y, no era para menos, pues el "Santo Ser" nació entre ellos y para ellos.

Nosotros no estamos exentos de esa bendición, Jesucristo también nació para nosotros. Él es nuestro Salvador y Señor y esto debe ser motivo de suma alegría porque, al celebrar la Navidad 2019, ¡El gozo que los ángeles del cielo mostraron a los pastores de Belén, debe empapar nuestras vidas! ¡Es navidad! ¡Es tiempo de alegrarnos! *¡Este es el mejor tiempo del año!* Saludémonos mientras cantamos de las alegrías que nos han llegado desde el pesebre en Belén de Judea. ¡El Salvador nació! *¡Amen!*

¡Feliz Navidad!

---

245   Lucas 2:10, (NVI).

MISIÓN CUMPLIDA

"Todo esto sucedió para que se cumpliera lo que
el Señor había dicho por medio del profeta: 'La
virgen concebirá y dará a luz un hijo, y lo llamarán
Emanuel' (que significa 'Dios con nosotros').

Mateo 1:22-23, (NVI).

Introducción.

"Un día de invierno, un cristiano estaba caminando por
la calle y se dio cuenta de que en el suelo había algo de
grano. Una bandada de gorriones estaba dándose un festín
no programado. Al dar el hombre un paso hacia los pájaros,
éstos se inquietaron. Otro paso, y su intranquilidad aumentó.
Cuando ya estaba casi encima de ellos, emprendieron el vuelo.

Durante un momento el hombre se quedó allí reflexionando
acerca de lo sucedido. ¿Por qué se habían lanzado aquellos
gorriones a la huida? Él no tenía intenciones de hacerles daño.
Pero entonces se dio cuenta de que era demasiado grande
para ellos.

Otra pregunta le vino a mente: ¿Cómo podría andar entre
ellos sin asustarlos por su tamaño? Su respuesta fue: solo si le
era posible hacerse gorrión y volar entre ellos".[246]

Allá en la eternidad Dios se preguntó el cómo vivir entre
su creación humana. Su santidad y su majestuosa gloria

---

[246]   Paul R. Van Gorden. *Se acercó*. Nuestro Pan Diario: Julio-Agosto-Septiembre-
Octubre-Noviembre-Diciembre. (Grand Rapids, Michigan. Publicado por M. C. E.
Horeb. Devocional del 24 de Diciembre).

podrían espantar a cualquier ser humano. Así que tomó la decisión de hacerse Emanuel. A diferencia del cristiano y su imposibilidad de hacerse gorrión, Dios si se pudo hacer hombre. "Se despojó así mismo",[247] dijo el apóstol Pablo.

Cuando llegó el tiempo de la *Primera Navidad de Jesús*, el Dios *Emanuel*, usó al evangelista Mateo para mostrar su plan de hacerse humano. Fue así que: "Mateo demuestra... que el nacimiento de Jesús sucedió como Dios lo había prometido por medio del profeta Isaías (Is. 7:10-14)".

El texto que hemos leído, dice en su primera parte: *"Todo esto sucedió para que se cumpliera lo que el Señor había dicho por medio del profeta:..."* Si *"todo"* el evento o relato del Nacimiento de Jesucristo está rodeado de eventos proféticos, entonces, pues, les invito para que pensemos en tres magnificas pruebas literarias y al mismo tiempo proféticas que la Biblia presenta para probar el mesianismo de Jesús.

I.- El niño del pesebre de Belén Derrotaría a Satanás.

Al parecer, todos los estudiantes e intérpretes de la Biblia están de acuerdo en que la primera profecía que hace mención de la *Primera Navidad del Señor Jesucristo* es la que encontramos en el libro de Génesis. Es la profecía que dice:

---

[247]   Filipenses 2:7, (RV1960).

"Pondré enemistad entre tú y la mujer, y entre tu simiente y la de ella; su simiente te aplastará la cabeza, pero tú le morderás el talón»."[248]

Lo que yo veo en esta profecía es que es un relato bíblico que abarca todo el ministerio terrenal de Jesucristo. La Biblia dice que Jesús nació del vientre de la joven judía llamada María. También alcanzo a notar que la profecía de Génesis 3:15 dice que la *"simiente"* de la mujer, es decir de María, "aplastaría la cabeza" de la simiente de la serpiente o del ser maligno conocido en la Biblia como Satanás.

La Versión Reina Valera dice: *"... ésta te herirá en la cabeza".* "Los cristianos entendemos que esta afirmación contemplaba la Primera venida del Mesías, el cual vendría para derrotar al Diablo".[249] Esta ha sido la idea teológica en el mundo cristiano que nos ha llegado desde el mismo Libro de Génesis. Es decir que ésta profecía es lo que se conoce como: "... el protoevangelio. Este es el primer rayo de luz acerca de la venida del Redentor, que había de ser la simiente de la mujer".[250] ¡Mujeres! ¡Hermanas en Cristo!, ¿no les causa alegría esta profecía? ¡Wauuu! ¡La salvación a este mundo llegó por medio de una mujer! "Cuando vino el Mesías, hallamos que una mujer fue su madre, pero ningún hombre fue su padre. Por el hombre, pues,

[248] Génesis 3:15, (NVI).

[249] Nota de pie de página en la *Biblia de Estudio Esquematizada*. Reina Valera 1960. (Impresa en Brasil. Sociedades Bíblicas Unidas. 2010), 30.

[250] B. H. Carroll. *Comentario Bíblico: Génesis: Número 1*. Td. Sara A. Hale. (Terrassa (Barcelona), España. Editorial CLIE. 1990), 136-137.

vino la muerte al mundo; por la mujer vino el Salvador al mundo".[251]

La victoria sobre el poder satánico fue profetizado desde el mismo comienzo de la historia: ¡El enemigo sería derrotado! El relato de Génesis capítulo tres es muy triste, la humanidad fue derrotada por el ser más astuto de la Creación Divina: El Diablo. Sin embargo, en este mismo pasaje me parece ver al Señor parado frente a su enemigo diciéndole: "Satanás, hoy has ganado una guerra, pero, un día te derrotaré para siempre. ¡Un día, Satanás, reduciré tu potencial! Tu poder maligno lo reduciré a impotencia. Esto es lo que dice el autor del Libro de los Hebreos, al decir:

> "Debido a que los hijos de Dios son seres humanos —hechos de carne y sangre— el Hijo también se hizo de carne y sangre. Pues solo como ser humano podía morir y solo mediante la muerte podía quebrantar el poder del diablo, quien tenía el poder sobre la muerte".[252]

En el idioma griego, el verbo *kataryéo* (καταργέw), significa *destruir, liberar, despojar de poder, reducir a impotencia,...*"[253] Entonces, pues: "El propósito de la encarnación" del Mesías de Dios, para el autor del Libro de los Hebreos está claramente especificado en 2:14, en especial en las palabras: *"para destruir (kataryéo) por medio de*

---

[251]   B. H. Carroll. *Comentario Bíblico: Génesis: Número 1*. Td. Sara A. Hale. (Terrassa (Barcelona), España. Editorial CLIE. 1990), 137.

[252]   Hebreos 2:14, (NTV).

[253]   Samuel Pérez Millos. *Comentario exegético al texto griego del Nuevo Testamento. Hebreos*. (Viladecavalls (Barcelona), España. Editorial CLIE. 2009), 137.

la muerte al que tenía el imperio de la muerte, esto es, al diablo".[254]

He dicho más de una vez que el Mesías de Dios; es decir, Cristo Jesús, llegó a este mundo para dar vida; una vida abundante y eterna. Con Su muerte en la cruz en el Calvario, en donde fue herido por el mismo Satanás "en el calcañar", Jesucristo, en cambio, allí mismo, hirió al enemigo "en la cabeza", es decir, le quitó toda la autoridad que tenía sobre la muerte tanto física como espiritual. Así es que, cuando aceptamos y creemos que el niño que nació en Belén de Judea es el Ser Santo del que habla la profecía de Génesis 3:15, entonces, ¡somos librados del poder satánico! ¡Entonces tenemos la vida eterna!

El Mesías prometido en Génesis 3:15, el mismo que nació del vientre de la joven María, con su acción salvadora, no solo cumplió con la profecía de Génesis 3:15, al herir al enemigo en la cabeza, sino que también, con su muerte redentora nos ha hecho los hijos amados de Dios. Adán y Eva fueron sacados del huerto, un símbolo de la presencia de Dios, nosotros, con la venida del Mesías a este mundo y con Su obra Redentora, ¡entramos a la presencia de Dios! La salvación que salió del pesebre de Belén cambió nuestra relación con Dios.

Así que, *"todo esto aconteció"*, como dice Mateo, para que fuésemos librados del poder de aquel que tenía el imperio de la muerte y, para que creyendo que el *"Santo Ser"* que nació de María es el Salvador del mundo, tengamos vida

---

[254] Samuel Pérez Millos. *Comentario exegético al texto griego del Nuevo Testamento. Hebreos.* (Viladecavalls (Barcelona), España. Editorial CLIE. 2009), 140.

eterna. El niño de Belén derrotó a Satanás y a su imperio de la muerte. ¡Amén!

II.- El Mesías Emanuel nacería en Belén de Judea.

El segundo argumento de lo que Mateo llama *"Todo esto aconteció"*, haciendo referencia al nacimiento del Mesías prometido a la nación de Israel es el cumplimiento exacto de la profecía dicha por el profeta Miqueas que vivió y profetizo en el siglo VIII a. C. Su profecía, relacionada a la *Primera Navidad* de Jesús el Cristo, dice:

> "Pero de ti, Belén Efrata, pequeña entre los clanes de Judá, saldrá el que gobernará a Israel; sus orígenes se remontan hasta la antigüedad, hasta tiempos inmemoriales".[255]

Les invito a que pensemos en las tres expresiones que sobresalen en este texto bíblico citado por el profeta Miqueas.

A.- La primera expresión es: *"Pequeña entre los clanes de Judá"*. De acuerdo a la geografía de aquellos días de los cuales habla el evangelista Mateo, Belén era una aldea. Cuando pensamos en una aldea, hablamos de "un pueblo con pocos habitantes que incluso puede carecer de jurisdicción propia. Se trata de un asentamiento que se desarrolla en un sector rural, por lo general alejado de otras poblaciones".[256] Así que, Belén, cuando Jesús nació allí, era un pequeño pueblo

---

[255] Miqueas 5:2, (NVI).

[256] *Definición de aldea*. (La Habra, California. Internet. Consultado el 28 de diciembre de 2019), ¿?

de unos mil habitantes que se encontraba a unos nueve o diez kilómetros (algunos piensan que son ocho kilómetros) al sur/ suroeste de la ciudad de Jerusalén. ¡Sí que era: "Pequeña entre los clanes de Judá"!

B.- La segunda expresión notable en el texto de Miqueas es: *"Pero de ti, Belén Efrata,... saldrá el que gobernará a Israel;..."* ¡Qué palabras tan cortas pero de gran significado para los judíos! "La expectativa de que el Mesías davídico nacería en Belén se había extendido por todo Israel (cf. Jn 7:42). Esta aldea recibe un doble honor, el ser la ciudad natal del rey David, y ahora también el serlo de Jesús el Cristo, el rey y pastor de Israel".[257] Cuando el evangelista Mateo cita las palabras del profeta Miqueas, asegura a la nación de Israel que el niño que había nacido en Belén de Judea era el Mesías profetizado por el mismo Dios. En el contexto histórico, Mateo nos asegura el mesianismo de Jesucristo.

C.- La tercera expresión notable en el texto de Miqueas es: *"... sus orígenes se remontan hasta la antigüedad, hasta tiempos inmemoriales"*. Otra Versión Bíblica dice: *"Sus orígenes –o salidas – son desde el principio, desde los días de la eternidad"*.[258] ¿Acaso el evangelista Mateo les está diciendo a sus paisanos que el niño nacido en Belén de Judea era un Ser Eterno? Creo que sí.

En la teología judía, el Único que era Eterno era Dios. Entonces, cuando Mateo les cita a sus paisanos las palabras

---

[257]   Michael J. Wilkens. *Comentarios Bíblicos con Aplicación. Mateo. Del texto bíblico a una aplicación contemporánea.* (Nashville, Tennessee. Editorial Vida. 2016), 97-98.

[258]   Miqueas 5:2c, (RV1960).

del profeta Miqueas en donde dice que los días del Mesías se remontan hasta la antigüedad; es decir, hasta la eternidad pasada, Mateo, les asegura que el niño que nació en Belén de Judea es Dios mismo. Mateo les dice a sus paisanos que Jesús, ¡es el Eterno Dios!

Bueno, ¿y que queremos decir cuando hablamos de la eternidad de Dios? ¿A qué se refiere el profeta Miqueas cuando habla de la antigüedad de Dios?

"Cuando declaramos que Dios posee el atributo de la eternidad, queremos decir que Él está por encima de todo el tiempo, libre de toda distinción temporal de pasado o de futuro, y en cuya vida no pude haber sucesión. Esto se expresa primordialmente en el nombre bíblico YO SOY EL QUE SOY (éxodo 3:14; o expresado de otra manera, 'El Señor, el que es y que era y que ha de venir, el Todopoderoso (Apocalipsis 1:8)".[259]

Así que, a la luz del relato del evangelista Mateo, presentando la profecía de Miqueas, les asegura a sus paisanos que: El Mesías Emanuel, además de que es el Mesías Eterno, también es el mismo que nació en Belén de Judea.

III.- El niño del pesebre de Belén sería Emanuel.

Ahora llegamos a una tercera profecía que hace referencia a aquella *Primera Navidad*. Es decir que parte de los

---

[259] H. Orton Willey y Paul T. Culbertson. *Introducción a la Teología Cristiana*. (Kansas City, Missouri, E. U. A. Casa Nazarena de Publicaciones. 1969), 107.

acontecimientos de aquella *Primera Navidad de Jesús* que está en el relato histórico de lo que Mateo llama *"Todo esto aconteció"*. La profecía a la que hago referencia es la profecía de Isaías 7:14, que dice: *"Por tanto, el Señor mismo os dará señal: He aquí que la virgen concebirá, y dará a luz un hijo, y llamará su nombre Emanuel"*.

Primeramente, notemos que: "La señal dada – en esta profecías de Isaías 7:14 – es que el Mesías habría de nacer de una virgen, y así, ser manifestado en carne (I Ti.3:16)".[260] En segundo lugar debo aclarar que "la palabra hebrea que se traduce como "virgen" se refiere a una joven en edad de casarse, sea o no virgen. En Génesis 24:43, en Éxodo 2:8 y en el Salmo 68:25, esta misma palabra "virgen", se traduce como doncella.[261]

Los expertos en los idiomas bíblicos dicen que el término griego *"pártenos"* significa virgen y que el hebreo *"almah"* significa una doncella".[262] Pues bien, ambos términos, en el Nuevo Testamento, nos enseñan que "el cumplimiento de la profecía de Isaías 7:14, nos demuestra que se trata de una virgen, de una doncella *que no conoce varón*, como María lo dice en Lucas 1:34".[263] Este proceder de Dios; de nacer de una virgen, es muy significativo puesto que: "Cristo había de nacer, no de una reina o de una emperatriz, pues no apareció

---

260 Matthew Henry. *Comentario Exegético Devocional a Toda la Biblia: Mateo.* Trd. Francisco Lacueva. (Terrassa (Barcelona), España. Editorial CLIE. 1984), 15.

261 Comentario en la *Biblia de Estudio Esquematizada. Reina Valera 1960.* (Impresa en Brasil. Sociedades Bíblicas Unidas. 2010), 1015.

262 Matthew Henry. *Comentario Exegético Devocional a Toda la Biblia: Mateo.* Trd. Francisco Lacueva. (Terrassa (Barcelona), España. Editorial CLIE. 1984), 15.

263 Matthew Henry. *Comentario Exegético Devocional a Toda la Biblia: Mateo.* Trd. Francisco Lacueva. (Terrassa (Barcelona), España. Editorial CLIE. 1984), 15.

con pompa y esplendor exteriores, sino de una virgen, para enseñarnos el valor de la pureza espiritual".[264] Por eso es que el ángel le aseguró a José que "lo que en María había sido engendrado era obra del Espíritu Santo.[265] ¡Un Ser Santo!

Ahora bien, a esa pureza divina, la Biblia dice que se llama *Emanuel*. Este es otro término hebreo que significa: *Dios con nosotros*. Entonces, pues, para el evangelista Mateo, el niño que nació en Belén de Judea no era un simple hombre mortal, sino que, además de que era un Ser Eterno como ya lo he mencionado, también es el Gran Dios que en la eternidad decidió vivir entre los seres humanos. Allá en la eternidad, Dios, tomó la determinación de rebajarse "voluntariamente, tomando la naturaleza de siervo y haciéndose semejante a los seres humanos. Y, al manifestarse como hombre, se humilló a sí mismo y se hizo obediente hasta la muerte, ¡y muerte de cruz!".[266] Emanuel llegó hasta lo más bajo de la moral y de lo social del ser humano aunque nunca cometió un solo pecado; mantuvo su pureza divina: Nació Santo, vivió en santidad y murió en la pureza divina. Es por eso que el niño que nació en Belén de Judea tiene toda la autoridad para justificar y santificar a todo ser humano, no importa su número de pecados o su perversidad, basta con creer que el niño de Belén, hecho ya hombre, lo puede librar de todos sus pecados. ¡Hay que creer que Jesucristo es el Redentor y aceparlo como Salvador y Señor!

---

[264] Matthew Henry. *Comentario Exegético Devocional a Toda la Biblia: Mateo*. Trd. Francisco Lacueva. (Terrassa (Barcelona), España. Editorial CLIE. 1984), 15.

[265] Mateo 1:20.

[266] Filipenses 2:6-9, (NVI).

¿Por qué Dios tomó esta decisión? ¿Por qué voluntariamente, tomó la naturaleza de siervo y se hizo semejante a los seres humanos? El Santo de los santos, el Dios impecable, en la eternidad decidió vivir entre su creación caída; decidió caminar con los pecadores y decidió comenzar su labor Redentora desde un humilde y sucio pesebre en un pueblo insignificante como lo era Belén de Judea. ¿Con qué propósito, Jesucristo, decidió nacer en un pesebre? ¿Cuál fue su propósito al encarnarse? Lo hizo con el fin de salvar lo que se había perdido.[267]

Aunque no entendamos tal decisión divina, lo cierto es que el niño del pesebre de Belén sería *Emanuel*; ¡El Gran Dios entre nosotros! La llegada de Jesucristo al sucio pesebre del insignificante pueblo de Belén de Judea, cumplió al cien por ciento la profecía de Isaías 7:14. Es por eso que hoy podemos decir acertadamente: ¡Dios está con nosotros! ¡El Gran Dios llegó a nosotros en una noche a la que llamamos: *"Noche Buena"*! ¡Y sí que fue *"buena"*, pues el Creador de todo el universo, en esa noche, cumplió lo que había decidido hacer desde la eternidad! ¡Vivir entre su creación en la misma forma humana como él la había hecho! ¡Bendito sea Dios! Su Palabra se cumple en todos los sentidos.

Conclusión.

Todo esto sucedió para que se cumpliera la Escritura. Así lo dijo el evangelista Mateo. Y fue el apóstol Pedro el que dijo:

---

[267] Lucas 19:10.

"Ante todo, tengan muy presente que ninguna profecía de la Escritura surge de la interpretación particular de nadie. Porque la profecía no ha tenido su origen en la voluntad humana, sino que los profetas hablaron de parte de Dios, impulsados por el Espíritu Santo".[268]

Y tenía que ser *"que los profetas hablaron de parte de Dios, impulsados por el Espíritu Santo"*, de lo contrario, tal vez nadie se daría cuenta que el Mesías Jesús nacería en Belén de Judea o, que el nacimiento del Mesías prometido por Dios hubiese sido una mera casualidad y no un perfecto plan de Dios.

¡Misión cumplida! El hecho del cumplimiento de la profecía de Génesis 3:15, el cumplimiento exacto de la profecía de Miqueas 5:2 y la veracidad histórica de la profecía de Isaías 7:14 en la *Primera Navidad de Cristo Jesús*, nos garantiza dos grandes verdades bíblicas: La primera es que la Palabra de Dios se cumple fielmente. Y la segunda es que Jesucristo vendrá por segunda vez a esta tierra; así lo dicen las profecías bíblicas y, ellas, ¡nunca fallan!

¡Cristo Viene! ¡Cristo viene! **¡Amén!**

---

[268]   2 Pedro 1:20-21, (NVI).

PARA TERMINAR ESTE CUARTO LIBRO

Mientras sigo contemplando las miles de luces de colores que adornan las casas, los árboles, los arbustos y otros elementos de la naturaleza en la Navidad. Y, al escuchar los cantos navideños durante los días del mes de diciembre, no me cabe la menor duda de que Andy Williams, tenía mucha razón cuando dijo:

It's the Most
Wonderful
Time of the
Year.

La Navidad, ¡es el tiempo más hermoso del año! Me hubiera gustado haber comenzado este libro con este tema navideño por el gozo y la alegría que invade a los seres humanos y además porque fue el inicio de una Nueva Era. Sin embargo, cuando pensamos en los primeros mensajes de este libro, notamos que el gozo y la alegría también son una experiencia maravillosa al tener un conocimiento más amplio de la inmensa y misteriosa obra de la Doctrina de la Redención que Jesucristo llevó acabo en bien de la humanidad.

Personalmente fui alimentado con cada uno de los mensajes que escribí en este Cuarto Libro. Cuando los prediqué desde el púlpito de la Iglesia en donde el Señor Jesús me ha permitido exponerlos al público, fui retroalimentado espiritualmente. Con este Cuarto Libro, espero también alimentar tu alma y tu espíritu mucho más de lo que yo fui alimentado con el fin de que, al llegar el fin del año, el gozo del Señor Jesucristo y su invaluable amor te permitan o te ayuden a vivir el siguiente año con un propósito más definido.

En Cristo Jesús:

Eleazar Barajas

BIBLIOGRAFÍA

Aland, Kurd, Matthew Black, Carlo M. Martini, Bruce M. Metzger, and Allen Wikgren. *The Greek New Testament*. Printed in Germany. Deutsche Bibelgesellschaft.1994).

Barclay, William. *Comentario al Nuevo Testamento: Volumen I: Mateo*. (Terrassa (Barcelona), España. Editorial CLIE. 1997).

Barclay, William. *Comentario al Nuevo Testamento: Volumen 4: Lucas*. (Terrassa (Barcelona), España. Editorial CLIE. 1994).

Barclay, William. *Comentario al Nuevo Testamento: Romanos: Volumen 8*. (Terrassa (Barcelona), España. Editorial CLIE. 1995).

Barclay, William. *Comentario al Nuevo Testamento: Romanos: Volumen 9*. (Terrassa (Barcelona), España. Editorial CLIE. 1996).

Barclay, William. *Comentario al Nuevo Testamento: Volumen 10: Gálatas y Efesios*. Trd. Alberto Araujo. (Terrassa (Barcelona), España. Editorial CLIE. 1998).

Barclay, William. *Comentario al Nuevo Testamento: Volumen 11: Filipenses, Colosenses y 1ra y 2da de Tesalonicenses*. (Terrassa (Barcelona), España. Editorial CLIE. 1999).

Barclay, William. *Comentario al Nuevo Testamento: 1ra y 2da Timoteo, Tito y Filemón. Volumen 12*. Alberto Araujo (Terrassa (Barcelona), España. Editorial CLIE. 1998).

Biblia de Estudio Esquematizada. Reina Valera 1960. (Impresa en Brasil. Sociedades Bíblicas Unidas. 2010).

Biblia de Letra Grande. Reina Valera 1960. (Impresa en Corea. Editorial Caribe. 1998).

Biblia de Estudio NVI Arqueológica: Un viaje ilustrado a través de la cultura y la historia bíblicas. (China. Publicada por Editorial Vida, Miami, Florida. 2009).

Biblia de Estudio Arco Iris. Edición "Bold Line" con cada versículo en su propio color. (Corea. Broadman &Holamn Publishers. Nashville. Rainbow Studies, Ing. El Reno, Oklahoma. 1996).

Bruce, F.F. *La Epístola a los Hebreos.* (Grand Rapids, Michigan. Nueva Creación y William B. Eermans Publishing Company. 1987).

Bruce, F. F. *Colección Teológica Contemporánea: Libro de los Hechos.* (Viladecavalls (Barcelona), España. Editorial CLIE. 2016).

Carro, Daniel, José Tomás Poe y Rubén O. Zorzoli. *Comentario Mundo Hispano: Tomo 8: Salmos.* (El Paso, Texas. Editorial Mundo Hispano. Ediciones 1997-2002).

Carroll, B. H. *Comentario Bíblico: Los cuatro evangelios (I): Número 6.* Td. Sara A. Hale. (Terrassa (Barcelona), España. Editorial CLIE. 1986).

Carroll, B. H. *Comentario Bíblico: Volumen 8: Gálatas, Romanos, Filipenses y Filemón.* (Terrassa (Barcelona), España. Editorial CLIE. 1987).

Carroll, B. H. *Comentario Bíblico # 10. Santiago, 1a y 2a tesalonicenses; 1a y 2ª Corintios.* (Terrassa (Barcelona), España. Editorial CLIE. 1987).

Correa, Audón. Director. *Selecciones del Reader's Digest. La revista más leída del mundo.* (Coral Gables, Florida. Reader's Digest Latinoamérica, S. A. Volumen CX. No. 659. 1995).

Dargan, E. C. *Comentario Expositivo sobre el Nuevo Testamento: I Corintios – 2 Tesalonicenses: Tomo V.* Trd. Jaime C. Quarles. (El Paso, Texas. Casa Bautista de Publicaciones. 1973).

DeHaan, Dennis j. *Ordinario, pero hermoso.* Nuestro Pan Diario: Julio-Agosto-Septiembre-Octubre-Noviembre-Diciembre.

(Grand Rapids, Michigan. Publicado por M. C. E. Horeb. Devocional del 7 de Diciembre).

Driscoll, Mark. *Jesús lleno del Espíritu: Viva por su poder.* (Lake Mary, Florida. Casa Creación. 2018).

El Expositor Bíblico: *La Biblia, libro por libro: Génesis y Mateo.* (El Paso, Texas. Casa Bautista de Publicaciones. 1992).

Farrel, Pam. *¡Atrévete, sé valiente!: Haz tuya la aventura de Dios para tu vida.* Trd, Norma Armengol. (El Paso, Texas. Editorial Mundo Hispano. 2013).

Fox, John. *El libro de los Mártires: Una historia de las vidas, sufrimientos y muertes triunfantes de los cristianos primitivos y de los mártires protestantes.* (Terrassa (Barcelona), España. Editorial Clie.2003).

Hendriksen, Guillermo. *El Evangelio Según San Mateo: Comentario a del Nuevo Testamento.* Td. Humberto Casanova. (Grand Rapids, Michigan. Distribuido por T.E.L.L. 1986).

Hendriksen, Guillermo. *Efesios: Comentario del Nuevo Testamento.* (Grand Rapids, Michigan. EE. UU. Publicado por Subcomisión Literatura Cristiana de la Iglesia Cristiana Reformada. Distribuido por T.E.L.L., 1984).

Hendriksen, Guillermo. *Filipenses: Comentario del Nuevo Testamento.* (Grand Rapids, Michigan. Publicado por Subcomisión Literatura Cristiana de la Iglesia Cristiana Reformada. Distribuido por T.E.L.L. 1984).

Henry, Matthew. *Comentario Exegético Devocional a Toda la Biblia: Mateo.* Trd. Francisco Lacueva. (Terrassa (Barcelona), España. Editorial CLIE. 1984).

Henry, Matthew. *Comentario exegético devocional a toda la Biblia: Hechos, Romanos y I Corintios.* Td. Francisco Lacueva. (Terrassa (Barcelona), España. Libros CLIE. 1989).

Hernández, Jesús. *Las 50 grandes masacres de la historia.* (Gavá (Barcelona), España. Impreso por Litografía Rosés, S. A., 2011).

LaHaye, Tim. *Manual del Temperamento: Descubra su potencial.* (Miami, Florida. Editorial Unilit. Impreso en Colombia. 1987).

Moo, Douglas J. *Comentarios con aplicación: Romanos: del texto bíblico a una aplicación contemporánea.* (Miami, Florida. Editorial Vida. 2011).

Natta, Bruce Van. *Una vida milagrosa: Historias verídicas de encuentros sobrenaturales con Dios.* (Lake Mary, Florida. Publicado por Casa Creación. 2013).

Pascual, Eladio Foronda: Editor General. *VOX: Diccionario de la lengua española.* (Varias ciudades. Editorial McGraw Hill Books y copiado por Larousse Editorial, S. L. 2008).

Packer, J. I. *El conocimiento del Dios Santo: Con guía de estudio.* Td. Eugenia Chinchilla. (Miami, Florida. Editorial Vida. 2006).

Pérez, Millos Samuel. *Comentario exegético al texto griego del Nuevo Testamento. Hebreos.* (Viladecavalls (Barcelona), España. Editorial CLIE. 2009).

Revista popular. *Selecciones.* (Hollywood, Florida. Selecciones del Reader's Digest. Volumen CX. No. 659. Octubre 1995).

Rowley, H. H. *La fe de Israel.* Trd. Juan Sowell. (El Paso, Texas. Casa Bautista de Publicaciones.1973).

Thomson, Frank Charles. *Biblia de referencias Thomson: Con versículos en Cadena Temática.* (Miami, Florida. Editorial Vida. 19870.

Trenchard, Ernesto. *Hebreos.* (Madrid. Editorial Literatura Bíblica. 1974.

Santa Biblia: Nueva Versión Internacional. (Miami, Florida. Editorial Vida. 1999.

Smith, J A. *Comentario Expositivo sobre el Nuevo Testamento: I Corintios a 2 Tesalonicenses.* Trd. Jiame C. Quarles. (El Paso Texa, Casa Bautista de Publicaciones. 1973).

Warren, Rick. *Transformados: Cómo Dios nos cambia.* (China. Editorial por Buddy Owens. 2014).

Wilkens J. Michael. *Comentarios Bíblicos con Aplicación. Mateo. Del texto bíblico a una aplicación contemporánea.* (Nashville, Tennessee. Editorial Vida. 2016).

Willey, H. Orton y Paul T. Culbertson. *Introducción a la Teología Cristiana.* (Kansas City, Missouri, E. U. A. Casa Nazarena de Publicaciones. 1969).

Wright, N. Tom. *El verdadero pensamiento de Pablo: Ensayo sobre la teología Paulina.* (Terrassa, (Barcelona), España. Editorial CLIE. 2002).

Printed in the United States
By Bookmasters